シンプルな文で
とにかく「しゃべろう」!

本当に使える

中国語

パターン60

【入門編】

西井和弥 著

アルク

　本書は初学者にも既習者にも手に取っていただきたいと思い書きました。ただし初学者にはお断りすべきことがあります。「この本だけでは足りません」ということです。ただ、「やることやってきてからにしてください」などとは言いません。進めていくうちに必ず「これはどういうこと？」「ここはどうなっているの？」と疑問も出てくると思います。その時にはぜひ別の教材や中国語の先生の直接指導で補ってください。

　本書の作成は**「とにかくしゃべれるようになってほしい」という思い**から始まりました。

　私は30年以上中国語を教えてきました。同時に自らもブラッシュアップしてきました。つまり学習者の気持ちも今でもそれなりに心得ているつもりです。学習者の方々の努力には敬意を表しながら、自身の指導の反省も込めて常々思っていることがあります。**「こんなにたくさんの人が学んでいるのに、しゃべれる人のなんと少ないことか……」**。その一端には教える側の責任もあります。実際の教室での指導はもちろん、作成する教材にも問題があると思っています。

　「今すぐ使える」とか「実用的」といった教材があふれていますが、執筆者の思いと学習者の望みがあまり一致していないような気がしてなりませんでした。そして、「知識はどんどん詰め込まれていくのに、実は簡単な返しさえもままならない」というのが正直なところではないでしょうか。学び始めは仕方がないとしても、**1年も過ぎたら2〜5字くらいの簡単なことは言えるようにしたいもの**、ですよね。

　もちろん意欲や練習が一番重要ですが、学んできたものが応用に向いているとは限らないというのもまた事実です。**実際の**

場面に出くわしたとき、どんな言葉が必要なのか、「実用的」「実践的」とはそういうことです。スーパーで「いくらですか？」なんて聞きますか？　無言でOKです。逆に社交辞令や適当な「相づち」は必要にもかかわらず、「それは場数を踏んで自分で身に付けなさい」とでも言わんばかり、ですよね。

　初学者にも「しゃべる喜び」を感じてもらうために短い文で構成しましたが、既習者にも意外に手応えを感じてもらえると思います。**「簡単な言葉でも結構しゃべれる」と感じてもらうために、「文法」ではなく「パターン」で表現を集めてみました。**そして「実用性が低いと思われるもの」は大胆に削除しました。社会人向けに「大人のしゃべり」も意識しています。

　もちろんこれがすべてではありません。でもぜひこれをモノにしてください。「モノにする」つまり「しゃべれるようにする」です。何でもない普通の会話をまずはイメージして、「使える喜び」を感じながら中国語の学習になじんでもらえたら、著者としてこの上なくうれしいです。

　なお本書は体系的な学習や受験対策を念頭には置いていません。目的に応じた方法を用いて不足は補ってください。

　末筆ながら私の思いに共鳴し、編集全般を取り仕切っていただいた株式会社アルクの海老沢久氏に深く感謝いたします。

2023年3月
西井和弥

本書の特徴

① 重点ポイントを際立たせた発音、特に声調の攻略を意識

② 簡単なパターンでも結構な会話ができることを念頭に作例

③ 話し手として実際の会話で本当に使えるリアリティを追求

④ 日本語→中国語の付属音源で文字にたよらない練習も可能

⑤ 入門者はもちろん既習者にも難しすぎず簡単すぎない内容

音声ダウンロード 無料

本書の音声（🎧 track 00）は、パソコンやスマートフォンに無料でダウンロードできます。

💻 パソコンの場合

以下のURLで「**アルク・ダウンロードセンター**」にアクセスの上、画面の指示に従って音声ファイルをダウンロードしてください。

URL https://portal-dlc.alc.co.jp/

📱 スマホの場合

QRコードから**学習用アプリ「booco」**をインストール（無料）の上、ホーム画面下「さがす」から本書を検索し、音声ファイルをダウンロードしてください。（本書の書籍コードは7023009）

詳しくはこちら https://booco.page.link/4zHd

※本サービスの内容は、予告なく変更する場合がございます。あらかじめご了承ください。

目次

本編(#01-60)の構成

● リアルな会話で即使える中国語を60パターンにまとめて、各見開き5つずつ紹介しています。
● 60パターンは、最初から順番どおりでも、覚えたい表現や関心のある表現からでも、どこからでもお好きなように取り組めます。

例文にはすべて、ピンインのほかに、音の高低や昇降を特に意識してもらうため、声調に合わせて抑揚を表す線を施しています。アルファベット部分も大切ですが、声調をより意識して練習しましょう。

────	第1声
╱	第2声
──	第3声
╲	第4声
・	軽　声

※変調の場合は変調したものを優先させています。

このページで初めて取り上げた例文中の単語を抽出しています。

中国に関する一般常識をクイズ形式で紹介しています。言葉は文化、息抜きがてらレッツ・チャレンジ！

このページで学ぶことを簡単に紹介します。注意点なども適宜記しています。

01

基本の決まり文句①

「はじめの一歩」はこちらから。たった2文字で基本のあいさつはOKです。ほかにもまだまだありますが、まずは2文字で口慣らし。しかし2文字だからと侮ることなかれ。知っていることと使えることとは違うのです。簡単と思うなら、適当にやらずにきれいな発音を意識しましょう。相手の発話を待たずに「自ら進んで先手発信」を心掛けて！

☐ 1. 你好。
Nǐ hǎo.

☐ 2. 您好。
Nín hǎo.

☐ 3. 再见。
Zàijiàn.

☐ 4. 谢谢。
Xièxie.

☐ 5. 抱歉。
Bàoqiàn.

🖊 単語
你 nǐ あなた
好 hǎo 良い
您 nín あなた（丁寧な言い方）
谢谢 xièxie ありがとう、感謝する
抱歉 bàoqiàn 申し訳なく思う

❓ クイズでひと息　北京は首都になる前まで何という名だった？

026

●この本の趣旨は本当にしゃべれるようにするお手伝いです。60パターン300例
文をたくさん声に出して練習していただくことが最大の願いです。自分に合っ
た、好きな方法で、楽しみながら取り組んでください。p.10「例えばこんな練
習法」も参考になれば幸いです。

((🎧 track 010 / 🎧 track 070))

音声は各ページ「日本語＋
中国語」「中国語」の2種類
を用意しました。ポーズな
ども使って、好みの練習法
で自由に活用してください。
なお、アプリ「booco」を
使えば再生速度の調整が可
能。入手方法など詳しくは
p.4をご覧ください。

「こんにちは」「ありがとう」など

1. こんにちは。

2. こんにちは。

3. さようなら。

4. ありがとう。

5. 申し訳ありません。

このページで取り上げる表
現パターンと中国語の文型
です（一部、固定の文型が
ないものもあります）。

🖉 理解のヒント

"您" は "你" の敬語ともいうべき丁寧な言葉です。しかし "你" がくだけた言い方
というわけではありません。明らかに相手が年長者や目上の場合はともかく、そ
れほど気を使わなくてよい相手なら、いつまでも "您" を使っていると逆にしら
じらしくも聞こえます。そもそも中国人にとって外国人であるあなたが中国語を
一生懸命使っていることだけで、すでに相手のあなたに対する好感度はアップし
ています。だから臆することなく勇気を出して！ そして何よりも笑顔を忘れずに。
なお、最後の "抱歉" は難易度やや高め。でも2文字だから頑張って覚えましょう。
これを使えたら外国人としてはカッコいいですよ（ただし謝る局面はない方がい
いですね）。

5つの文をよりよく理解す
るためのヒントです。類似
表現なども紹介しています。

🅐 クイズの答え　北平 Běipíng

例えばこんな練習法

「どうすればデキルようになりますか？」

外国語をモノにしたい誰もが思うこの問い。本音は「そんな特効薬があるなら、こっちが教えてほしい（失礼！）」です。個人的には**「学習法は自分に合ったものを好きに選ぶのが一番」**と思っています。

でも多くの人は「それが分からない」。実は、私も完全に見つけたとはいえないのです。例として、私はコロナ禍で遅ればせながら「中国ドラマ」にハマり、今自分の中で一番の学習法となっています（あまり学習という意識はなく、感情移入が甚だしいのですが……／笑）。

さて余談はこのくらいにして、基本的にはご自身でしっくりくるものを選んでいただくことになりますが、私自身の体験をもとにして、以下にいくつかの練習法を紹介します。本書はもちろん、他教材でも実践できるシンプルなものです。コンセプトは3つ。

1. プレッシャーをかけない

遊んでいては身に付きません。でも苦しいと続きません。頭であまり考えず、無心でメニューをこなしましょう。「覚えなきゃ」とプレッシャーをかけすぎずに、**練習量に比例して実力が付くことを信じて取り組んでください。**

2. とにかく繰り返す

とにかく繰り返し口に出しましょう。5回や10回ではなく、50回、100回規模で繰り返しましょう。「覚えよう」「覚えなきゃ」で首を絞めてはダメ。**何回も繰り返しているうちに「気が付いたら覚えていた」が理想**です。一気に100回やらなくても分割でOK。隙間時間でOK。気分が乗ったら一気もOK。

3. 覚えた喜びを蓄積する

できなくても苦にしたり落ち込んだりしてはいけません。でも、できたときにはその喜びをかみしめてください。**成功体験は何よりのモチベーション**になります。通じた言葉はその喜びとともにしっかり身に付きます。

それでは、具体的な練習法を見ていきましょう。

まずは発音、そのためのピンイン、最重要は声調（四声）

　手本となる音源を聞いて、何度も繰り返してたたき込むしかない、というのが究極ではありますが、その際、いくつかの特徴的なピンイン表記については「どうやって発音するのか」を「言葉で説明できる」ように覚えましょう。本書でもp.14〜21に「まずは発音の基本をチェック！」を掲載しています。

　できれば中国語の先生、無理なら中国語を学んでいてピンインという概念が分かる人にチェックしてもらいましょう。チェックポイントは二つ。**一つは音が合っているか、もう一つは抑揚（声調）が合っているか**。特に声調には神経を使ってください。そして中でも**第二声**。ちゃんと上がり調子になっているかを他人にチェックしてもらいましょう。第二声には常に神経をとがらせましょう。

シャドーイング

　音源から流れてくる音を聞いてすぐに発声します。このメソッドはだいぶ広まってきました。暗記する必要はありません。**まねすることに徹するだけ**です。まねには「速度」も含まれます。できれば録音者の物まねをするような気持ちで！　そうするとネイティブの伝え方にも近づくことができます。何回もやっていると、意外に無意識でも覚えてしまうことが実感できるでしょう。

シンクロリーディング

　音源と一緒に文字を読みます。文字を見るので覚える必要はありませんが、**「速度」や「抑揚」は忠実に**。ピンインもしっかり見ましょう。**大きい声を出すことも重要**です。それにより口の動きも矯正されます。発音のよくない人の多くは声量が足りていません。大きく言うだけでかなり矯正されます。そして無心に反復するだけで、自然とそれぞれの単語の文字や意味も頭に入っていきます。

リプロダクション

　中国語の文をまず黙って聞いて、1文ごとに終わったら音声を一時停止し、今度は自分の口で再現します。つまり一度頭に記憶させるということです。知っている単語が多いと簡単ですが、知らない単語があると母語でも難しくなります。それでも頑張って、**意味はとりあえずおいといて、音の再現に徹しましょう**。知らない単語が出てきてもそこで思考を停止させない、そうした訓練にもなります。なお、いきなり挑戦するのではなく、シャドーイングやシンクロリーディングで十分ウォーミングアップしてから行うとかなり負担が軽くなります。

音読

テキストをただピンインを頼りに音読するだけでも一定の効果があります。このときも**「丁寧な発音」に集中して、意味や漢字などを気にしてはいけません**。頭の中はきれいに発音することだけを考え、それ以外のことは禁止です。でもそのうち慣れてくると意味やら漢字やらが勝手に浮かんでくるようにもなります。

クイックレスポンス

いよいよ日本語から中国語への変換です。①日本語を聞いて、②中国語を聞いて、そして③自分の口で中国語を再現し、最終段階で日本語の意味と結び付けます。この3段階を十分に行ったら、①日本語を聞いたあと、③自分で中国語に変換する2段階に切り替えます。もしつまずくようなら3段階に戻ってやり直してから再チャレンジしましょう。**クイックレスポンスとは即反応という意味です**。

ディクテーション

本書は単文&短文で構成していますので、あまり向いてはいないかもしれませんが、**ディクテーション（全文書き取り）は外国語学習で最も効果のある練習法**といっても過言ではありません。教材を使うなら答えがすべて本に書いてありますが、できれば分からない言葉や知らない字に出くわしたときには、まずピンインで書き取って、それを頼りに自分で辞書を引いて探しましょう。そうすることで聞き取りの練習になります。また**辞書を引く「手間」が力を付けるのにとても効果的**です。

練習法は以上です。全部のパターンをやることも結構ですが、何よりも同じ練習を反復して回数をこなすことです。スポーツ選手と同じで、**地道な基礎練習が最も大事**。体づくりならぬ、「口づくり」を心掛けましょう。

💡 語彙や表現を増やすには?

これも私の体験で恐縮ですが、二つの「西井流」を教えちゃいます。

その1：ジャンルを問わずいろいろな文章に触れる

最初は私も、「こんなの役に立つの?」「こんな文章つまらない」なんてブツブツ言いながら学んでいました。ある講座では「初級」レベルの私たちに、先生は児童

文学や昔話を教材にしていました。およそ現実とはかけ離れた言葉をひたすら読みながら、「こんなの意味ない」と内心不満たらたらでした。

　でも今、中国の古代史にさほど興味もないのに時代劇が多少聞き取れたり、あの時覚えた冗談を言ったりして、結構役に立っています。「そんな言葉も知っているの!?」なんて褒められると、うれしくて調子に乗るものです。

　ある程度のレベルに行くまでは、**あまり選り好みをせず、「ラクする」「さぼる」口実探しはせず、目の前の材料にしっかり取り組みましょう**。そうすると語彙力は確実にアップします。

　なお単語集もいいですが、文章を通して吸収する方が効率的です。文章にはストーリー、背景がありますから、言葉のニュアンスや使われ方も自然に身に付きます。**今はインターネットでいろいろな文章を入手することもできます**。いろいろなリソースに触れて、多くの「出会い」を体験してください。

その2：役立つ言葉は自分で集める

　単語集を買ったけど「なんか違う」と思ってしまうことはありませんか。でも前述したとおり、まずは選り好みせずにせっかく手に入れたものにはしっかり取り組んでください。思わぬところで必ず日の目を見る時が訪れます。

　しかし、自分が知りたい単語や表現は、実は自分にしか分かりません。

　本書の例文は、私が実際に使ってきた言葉や表現の中から難易度を考慮して選んだつもりです。特に現場の「本当の」会話を意識して書き留めておいたものをまとめたものです。なので実用性は高いはずと自負はしております。

　それでも読者一人一人の要求には応えきれないでしょう。これは語学教材の限界ともいえます。克服するにはただ一つ、自分が「しゃべりたい」「覚えたい」と思った単語や表現は、忘れないうちにメモを取り、辞書を引いたり先生やネイティブスピーカーに教えてもらったりするなどして、**自分オリジナルのストックをぜひ貯めていってください**。また、誰かが使っていたり、文章に出てきたりしたもので気に入ったものがあったら、必ずメモを取って自分のモノにしてしまいましょう。自分中心で言葉を集めることはモチベーションにもつながります。

最後にひと言：「好きこそものの上手なれ」

　中国語が好きになれば、自ずと学習自体がはかどり、実力も自然に付いていきます。中国語があなたの人生を彩る大切な一つになることをお祈りいたします。

まずは発音の基本をチェック！

☞ 初めて中国語を学ぶ方へ

本書は特に意識してほしい点に焦点を絞った形で編集しています。ですから部分的には詳細とはいえません。まずはぜひ発音について総合的にしっかり解説されている他教材にも目を通していただき、そのあと苦手なところや疑問点を確認するときに使っていただきたいと思います。

☞ 発音を一通り学んだことがある方へ

初級〜上級問わず発音は多くの人にとって永遠の課題です。理屈は百も承知なのに、実際には克服しきれていないという学習者のために、難点解消のコツや意識してほしい点に焦点を絞った形で編集しています。苦手なところは何度も確認して、「通じる発音」を習得しましょう。

中国語の発音を構成する二つの要素

音 ：中国語では「ピンイン」という発音記号を用います。アルファベットを使ってはいますが、ピンインならではの発音も多くあります。要注意のものについては後述しますので、**ルールとしてその発音の仕方を言葉で説明できるようにしておきましょう。本書の各記述を参考に！**

抑揚：漢字一字を一音という単位でカウントしますが、それには必ず長さがあり、その長さの中で四種の「決まった」抑揚があります。「声調」や「四声」と呼んでいます。**強いて言うなら中国語の発音は「声調」が最最最重要です。**

抑揚線（声調の流れを線で表現：文字に重ねた表記は本書の特色です） →

汉语

Hànyǔ ← ピンイン

四声・軽声   track 001

　中国語の発音の大きな特徴の一つが「**声調（＝音の高低の調節具合）**」。中国語は1音節ごとに固有の声調が**決まっていて**、その種類が四種類であることから「**四声**」と呼んでいます。

((　**第1声**　mā（例："妈"＝「お母さん」）

高音を平らに保つ。

((　**第2声**　má（例："麻"＝「麻」）

低音から高音へと一気に上昇。
※できていない人の最も多いのが、実はコレ!

((　**第3声**　mǎ（例："马"＝「馬」）

低音を平らに保つ。

((　**第4声**　mà（例："骂"＝「ののしる」）

高音から低音へとゆっくり下降。

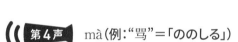

※それぞれの特徴をはっきりとらえて相互のギャップをつくることが大切です。

((　**軽声**　ma（例："吗"＝「～ですか?」）

　単語や文の中で**一つ前の音節の四声との関係で決まる短い音節**。長さがないため音節内での音の高さの変化はありません。ただし**軽くも弱くもありません。**

　音の高さは以下の通り。

第1声+軽声
māma（"妈妈"＝「母」）

第2声+軽声
míngzi（"名字"＝「名前」）

第3声+軽声
jiějie（"姐姐"＝「姉」）

第4声+軽声
dìdi（"弟弟"＝「弟」）

　ピンインの各アルファベットの発音方法をまとめます。一部の独特な発音は**ルールとしてその発音の仕方を言葉で説明できるようにしておきましょう。**

●最も基本的な単母音

a	日本語の「ア」とほぼ同じ。
o	日本語の「オ」とほぼ同じ。
i (yi)	日本語の「イ」とほぼ同じ。
e	日本語の「エ」のときと同じ唇および舌の形をつくって「オ」を言う。 完全に「オ」と聞こえてしまったらやり直し。
u (wu)	日本語の「ウ」よりも唇を思い切りすぼめ突き出して言う。 唇に結構力が入るのを感じて！
ü (yu)	[u]の口の形をつくって「イ」を言う。 完全に「イ」と聞こえてしまったらやり直し。
er	[e]を発音して最後の最後で巻き舌にする。 最初から巻き舌にする必要はない。

※（　　　）内は実際の音節として子音が前に付かない場合の単母音の表記。子音が前に付くときにはa、o、i、e、u、ü（u）、erと記します。

●複数の母音が組み合わさったもの

二重母音（前半の母音が強めのもの）　🎧 track 002

ai　「アィ」のように聞こえます。　　ei　「エィ」のように聞こえます。
ao　「アォ」のように聞こえます。　　ou　「オゥ」のように聞こえます。

二重母音（後半の母音が強めのもの）　🎧 track 003

ia (ya)　「ィア」のように聞こえます。　ie (ye)　「ィエ」のように聞こえます。
ua (wa)　「ゥア」のように聞こえます。　uo (wo)　「ゥオ」のように聞こえます。
üe (yue)　「ュエ」のように聞こえます。

三重母音 🎧 track 004

iao (yao) 「ィアオ（≒ヤオ）」のように聞こえます。

iou (you) 「ィオウ（≒ヨウ）」のように聞こえます。

uai (wai) 「ゥアイ（≒ワイ）」のように聞こえます。

uei (wei) 「ゥエイ（≒ウェイ）」のように聞こえます。

※（　　）内は実際の音節として子音が前に付かない場合の複合母音の表記。子音が前に付くときにはai、
　ei、ao、ou、ia、ie、ua、uo、üe (ue)、iao、iou、uai、ueiと記します。

●鼻母音（−n, −ng）

[−n][−ng]の区別は最後の舌の調節具合の違いです。

基本は「ん」ですが、

- ・ [−n]では**最後に舌先が上前歯に軽く当たる感じで終わらせます。**
  これにより息が遮断され、音はシャープな感じになります。
- ・ [−ng]では**最後舌先は口の中のどこにも触れないようにして終わらせます。**
  これにより息は遮断されず、**音も鼻にかかったような感じ**になります。

※ どちらも口は閉じません。口を閉じて終える「ん」は中国語にはありません。

🎧 track 005

an	ang	ian (yan)	iang (yang)
uan (wan)	uang (wang)	en	eng
uen (wen)	ueng (weng)	in (yin)	ing (ying)
üan (yuan)	ün (yun)	ong	iong (yong)

※（　　）内は実際の音節として子音が前に付かない場合の複合母音の表記。子音が前に付くときにはy、w、
　yuをi、u、ü (u)と記します。

●子音

母音の前に以下の子音の付いた音があります。

b	p	m	f	…………………………	唇　音
d	t	n	l	…………………………	舌尖音
g	k	h		…………………………	舌根音
j	q	x		…………………………	舌面音
zh	ch	sh	r	…………………………	捲舌音
z	c	s		…………………………	舌歯音

無気音　　　有気音

●有気音と無気音

有気音：**発声の瞬間に口元から息が思い切り前に出て、強いときにはつばがとびそうな感じになる音。**

　　　　有気音となる子音：p、t、k、ch、c、q

無気音：有気音のように息を出すことはしません。

　　　　無気音となる子音：b、d、g、zh、z、j

四声の変調

　四声は基本的にはその音節がどこでどのように使われても随意に変調することはありませんが、以下の例外がある**ことも覚えておきましょう。**

●第3声が連続した場合の変調　🎧 track 006

　最後の1音節のみを第3声として残し、それより前の第3声は第2声へと変調させます。ただし声調符号を書きなおす必要はありません。

例　zhǐdǎo（"指导"＝「指導」）	→	実際は　zhídǎo
Nǐ hǎo.（"你好。"＝「こんにちは。」）	→	実際は　Ní hǎo.
Bǐ nǐ hǎo.（"比你好。"＝「君より良い。」）	→	実際は　Bí ní hǎo.

●"一"と"不"

　次に来る音節へのつながりを意識する語で、以下のように変調します。

　　　"一"／"不"＋第1声／第2声／第3声　　→　"一""不"は第4声で発音

　　　"一"／"不"＋第4声　　　　　　　　　→　"一""不"は第2声で発音

※ "一"は序数など単純な「ナンバー」として使う場合のみ本来の声調である第1声で発音します。

覚えておきたいコツ

●特に要注意は第2声

　意外に思うかもしれませんが、難しいのは第2声。「低音から高音へと一気に上昇」と実にシンプルな要領ですが、自分ではできているつもりが実際にはそのようになっていない人が多くいます。なぜか？　それは日本語にないからです。日本語では短音と長音という区分があり、長音の場合、音程を保って平らに発音したり、高音から低音へと下降したりするものはよく使われていますが、低音から高音へといういわゆる「昇り調子」は「エーッ!?」「アーッ!!」のようなも

のを除いてほぼ使われていないからで、つまり「なじみがない」からです。ですから「第2声、侮ることなかれ！」。

●[e]の正体

　[e]の発音は「エ」ではないのが日本人にとって難しいところですが、実は複合母音では若干様子が異なります。

　[ei][ie][en]は、日本人の耳にはほぼ「エ」と聞こえます。ざっくりとまずはこのように理解してよいでしょう。ですが[eng]のときには本来の[e]をしっかり意識しなければいけません。したがって、[en]と[eng]との違いは鼻音間の微妙な違いのみならず、聞こえた感じ自体がはっきりと違ってくるのです。

●[ian (yan)]と[iang (yang)]

　これも鼻音間の微妙な違いのみならず、聞こえた感じ自体にはっきりとした違いがあります。前者は「イエン」、後者は「ヤーン」という具合です。

●[－iu][－ui][－un]のコツ

　ピンインを見ながら発音すると、表記上の問題からどうしてもこの三種は日本語風になりがちです。そこで以下のような要領を心得るとよいでしょう。

　[－iu]：「イウ」ではなく「イォウ」風に。

　[－ui]：「ウイ」ではなく「ウェイ」風に。

　[－un]：「ウン」ではなく「ウゥン」風に。

アルファベットを正しく読む練習

　p.22-23の「中国語音節表」で読み方を特に注意したい発音にはマークをしておきましたが、実はその中でも発音自体は難しくないものが含まれています。ピンインを頼りに発音する際にはいくつかの注意パターンがあります。

●ほぼローマ字読みの感覚で構わないもの

　約3分の2は音節表上にマークのないもので、ここでの練習は割愛します。

●発音自体はそれほど難しくないがピンインが独特の表記であるもの

　「この表記で実際はこう読む」と頭にたたき込みましょう。

●有気音であることを意識すべきもの

最初の瞬間に息を強く出すことを心掛けましょう。そのために子音表記（p、t、k、ch、c、q）を見て有気音だと分かる必要があります。

●発音自体に中国語独特の特徴があるもの

一番難しいですが、意識さえできれば克服できます。難しい母音の特徴は**ルールとして言葉で説明できるようにしておきましょう。**

👉 では中でも特に混乱しがちなものをいくつか練習しましょう。 🎧 track 007

表記に惑わされなければ音は簡単なものの例：
yān   qiā   xiān   xuē   sī   cī   xiā   cā

有気音の例：
páng   téng   kái   chí   cái   qié   quán

音そのものが特徴的なものの例：
zhè   shì   è   shè   qù   yùn   lèng   xù

声調を意識して読む練習

●絶対に自己流はダメ！ 声調符号通りに！

英語や日本語のように単語や文単位でイントネーションが決まるのではなく、**一文字一文字に抑揚が決められていて、どう組み合わせても勝手に変化することはありません。**変調の例外を前述しましたが、わずかにすぎません。

声調が合っていれば、音が少々なまっていても通じることは多いですが、**声調がおかしいと、「伝わらない」ではなく「間違って伝わる」から厄介なのです。**

例： 🎧 track 008

小学	小雪	汉语	韩语
xiǎoxué	xiǎoxuě（変調）	Hànyǔ	Hányǔ
小学校	小雪	中国語	韓国語

※声調の理屈は簡単です。多くの人がその通りに抑揚を付けているつもりです。でも実際にはそうなっていないことが多く、自覚もできていません（人の発音の間違いには意外に気付けます）。克服するには練習を積むしかありませんが、たくさん練習すれば誰にでも克服できます。

👈 では2音の組み合わせで練習してみましょう（2声と軽声中心で構成）。
ついでに単語も覚えちゃいましょう♪ 🎧 track 009

吉他 jítā ギター	提包 tíbāo 手提げカバン	家人 jiārén 家族	中文 Zhōngwén 中国語
明年 míngnián 来年	来源 láiyuán 源	啤酒 píjiǔ ビール	长短 chángduǎn 長さ
以前 yǐqián 以前	考察 kǎochá 実地調査	国际 guójì 国際	回顾 huígù 回顧する
事实 shìshí 事実	空白 kòngbái 空白	反省 fǎnxǐng（変調） 反省する	领导 lǐngdǎo（変調） リーダー
舒服 shūfu 心地よい	东西 dōngxi 物	名字 míngzi 名前	麻烦 máfan 面倒くさい
姐姐 jiějie 姉	椅子 yǐzi イス	丈夫 zhàngfu 夫	地方 dìfang 場所

・分からなくなったときに自分で修正できるよう、**ポイントは言葉で説明ができ
るように覚えましょう**。
・**「繰り返し」「丸暗記」**、これが語学習得の基本です。
・そして、恥ずかしがらずに **「とにかく口に出す」**！

┌─────────────────────────────────────┐
さぁ、本編で思い切りしゃべりましょう!!
└─────────────────────────────────────┘

中国語音節表

中国語の音は400種あまり（これに声調が加わります）。「この音はローマ字読みとは違うようだ」などと思ったときに、この音節表で確認しましょう。どの子音とどの母音が組み合わさった音なのかも分かり、発音への理解が深まります。

母音\子音	a	o	e	-i[ɿ]	-i[ʅ]	er	ai	ei	ao	ou	an	en	ang	eng	ong	i	ia	iao
ゼロ	a	o	e			er	ai	ei	ao	ou	an	en	ang	eng		yi	ya	yao
b	ba	bo					bai	bei	bao		ban	ben	bang	beng		bi		biao
p	pa	po					pai	pei	pao	pou	pan	pen	pang	peng		pi		piao
m	ma	mo	me				mai	mei	mao	mou	man	men	mang	meng		mi		miao
f	fa	fo						fei		fou	fan	fen	fang	feng				
d	da		de				dai	dei	dao	dou	dan	den	dang	deng	dong	di	dia	diao
t	ta		te				tai	tei	tao	tou	tan		tang	teng	tong	ti		tiao
n	na		ne				nai	nei	nao	nou	nan	nen	nang	neng	nong	ni		niao
l	la		le				lai	lei	lao	lou	lan		lang	leng	long	li	lia	liao
g	ga		ge				gai	gei	gao	gou	gan	gen	gang	geng	gong			
k	ka		ke				kai	kei	kao	kou	kan	ken	kang	keng	kong			
h	ha		he				hai	hei	hao	hou	han	hen	hang	heng	hong			
j																ji	jia	jiao
q																qi	qia	qiao
x																xi	xia	xiao
zh	zha		zhe	zhi			zhai	zhei	zhao	zhou	zhan	zhen	zhang	zheng	zhong			
ch	cha		che	chi			chai		chao	chou	chan	chen	chang	cheng	chong			
sh	sha		she	shi			shai	shei	shao	shou	shan	shen	shang	sheng				
r			re	ri					rao	rou	ran	ren	rang	reng	rong			
z	za		ze		zi		zai	zei	zao	zou	zan	zen	zang	zeng	zong			
c	ca		ce		ci		cai	cei	cao	cou	can	cen	cang	ceng	cong			
s	sa		se		si		sai		sao	sou	san	sen	sang	seng	song			

心配ご無用！すべての音が均等な頻度で使われるわけではありません。

	ie	iou	ian	in	iang	ing	iong	u	ua	uo	uai	uei	uan	uen	uang	ueng	ü	üe	üan	ün
	ye	you	yan	yin	yang	ying	yong	wu	wa	wo	wai	wei	wan	wen	wang	weng	yu	yue	yuan	yun
	bie		bian	bin		bing		bu												
	pie		pian	pin		ping		pu												
	mie	miu	mian	min		ming		mu												
								fu												
	die	diu	dian			ding		du		duo		dui	duan	dun						
	tie		tian			ting		tu		tuo		tui	tuan	tun						
	nie	niu	nian	nin	niang	ning		nu		nuo			nuan	nun			nü	nüe		
	lie	liu	lian	lin	liang	ling		lu		luo			luan	lun			lü	lüe		
								gu	gua	guo	guai	gui	guan	gun	guang					
								ku	kua	kuo	kuai	kui	kuan	kun	kuang					
								hu	hua	huo	huai	hui	huan	hun	huang					
	jie	jiu	jian	jin	jiang	jing	jiong										ju	jue	juan	jun
	qie	qiu	qian	qin	qiang	qing	qiong										qu	que	quan	qun
	xie	xiu	xian	xin	xiang	xing	xiong										xu	xue	xuan	xun
								zhu	zhua	zhuo	zhuai	zhui	zhuan	zhun	zhuang					
								chu	chua	chuo	chuai	chui	chuan	chun	chuang					
								shu	shua	shuo	shuai	shui	shuan	shun	shuang					
								ru	rua	ruo		rui	ruan	run						
								zu		zuo		zui	zuan	zun						
								cu		cuo		cui	cuan	cun						
								su		suo		sui	suan	sun						

完全マスターするまで頑張りましょう!!

本当に使える
中国語

パターン
#01-60

#01
基本の決まり文句①

「はじめの一歩」はこちらから。たった2文字で基本のあいさつはOKです。ほかにもまだまだありますが、まずは2文字で口慣らし。しかし2文字だからと侮ることなかれ。知っていることと使えることとは違うのです。簡単と思うなら、適当にやらずきれいな発音を意識しましょう。相手の発話を待たずに「自ら進んで先手発信」を心掛けて！

□1. 你好。
　　Nǐ hǎo.

□2. 您好。
　　Nín hǎo.

□3. 再见。
　　Zàijiàn.

□4. 谢谢。
　　Xièxie.

□5. 抱歉。
　　Bàoqiàn.

 単語

你 nǐ　あなた

好 hǎo　良い

您 nín　あなた（丁寧な言い方）

谢谢 xièxie　ありがとう、感謝する

抱歉 bàoqiàn　申し訳なく思う

❓ クイズでひと息　北京は首都になる前まで何という名だった？

「こんにちは」「ありがとう」など

1. こんにちは。

2. こんにちは。

3. さようなら。

4. ありがとう。

5. 申し訳ありません。

✏️ 理解のヒント

"您" は "你" の敬語ともいうべき丁寧な言葉です。しかし "你" がくだけた言い方というわけではありません。明らかに相手が年長者や目上の場合はともかく、それほど気を使わなくてよい相手なら、いつまでも "您" を使っていると逆にしらじらしくも聞こえます。そもそも中国人にとって外国人であるあなたが中国語を一生懸命使っていることだけで、すでに相手のあなたに対する好感度はアップしています。だから臆することなく勇気を出して！ そして何よりも笑顔を忘れずに。なお、最後の "抱歉" は難易度やや高め。でも2文字だから頑張って覚えましょう。これを使えたら外国人としてはカッコいいですよ（ただし謝る局面はない方がいいですね）。

Ⓐ クイズの答え　北平 Běipíng

02

基本の決まり文句②

2文字の次は3文字を集めました。主に相手の発話に答える形ですから、どういう返しなのかをあわせて覚えないといけません。そして言い慣れていないとなかなかスムーズには出てこないものです。まずは反復練習して、しっかり口に覚えさせるところから。次にシチュエーションを想像しながらとっさの場面に備えましょう！

□1. 不客气。
Bú kèqi.

□2. 没问题。
Méi wèntí.

□3. 辛苦了。
Xīnkǔ le.

□4. 没事儿。
Méi shìr.

□5. 对不起。
Duìbuqǐ.

 単語

不 bù　〜ない

客气 kèqi　気を使う、遠慮する

没 méi　〜ない、持っていない

问题 wèntí　問題

事儿 shìr　事柄、用事

❓ クイズでひと息　中国の「国父」って誰?

「どういたしまして」「お疲れさま」など

1. どういたしまして。

2. 大丈夫です。

3. お疲れさま。

4. 何でもありません。

5. ごめんなさい。

✏️ 理解のヒント

"対不起"は厳密に言うと、「申し訳なくて、まともにあなたに面と向かって頭を起こすことができません」という意味で、つまり非常に強い謝罪の気持ちを表します。ですから日本語で「すみません」の訳語としては必ずしも当たらないケースが多々あるので注意しましょう。まぁもちろん、その程度にはピンからキリまでありますが。というより、まずはそもそも"対不起"と言わなければならないようなことをしないようにするのが正しいお付き合いですよね。"抱歉"との違いはあまり気にせずに。言葉は字面だけでなく言い方や表情でいくらでも調整が利くものです。中国語の"辛苦了"は相手が目上だろうと目下だろうとたくさん使ってください。言わないことが一番失礼です。

Ⓐ クイズの答え　孫中山 Sūn Zhōngshān（孫文）

#03
基本の決まり文句③

"你好" "再见" が頭に入ったら、時間帯や状況に応じて一歩進んだ表現をマスターし、表現を少しずつ豊かにしていきましょう。同じ状況でも違う言葉にするだけで「デキル」感もアップ！ 特に夜別れるときに「おやすみなさい」と言えたらいいですね。相手が先に言ったらオウム返しで対応しましょう。

☐ 1. 早上好。
Zǎoshang hǎo.

☐ 2. 晚上好。
Wǎnshang hǎo.

☐ 3. 晚安。
Wǎn'ān.

☐ 4. 没什么。
Méi shénme.（特例："什么" の実際の抑揚は線の通り。以下すべて同じ）

☐ 5. 回头见。
Huítóu jiàn.

 単語

早上 zǎoshang　朝
晚上 wǎnshang　夜
什么 shénme　何、何の
回头 huítóu　しばらくして
见 jiàn　会う

 クイズでひと息　エベレストを中国語で言うと？

「おはよう」「おやすみなさい」など

1. おはようございます。

2. こんばんは。

3. おやすみなさい。

4. 何でもありません。

5. またあとで。

✎ 理解のヒント

"晚上好"と"晚安"は混同しませんように。ここには挙げませんでしたが、実は"早安 zǎo'ān"という言い方もあり、それは"早上好"と同じ意味。ただ"早安"はあまり口語としては使いません。メールなど文字としてはOKです。夜は時間的なあいさつと就寝前のあいさつの区別がありますが、朝は一つで十分ですからね。"没什么"についてですが、表情次第では真逆の意味にもなってしまいます。「何でもありません」が「大いに気にしている」という不平にもなります。一つの解決方法としては前にも書きましたが「笑顔」。もう一つの方法としては「2回繰り返す」、つまり「×2」にすることでプラスになるということでしょうか。そして2回繰り返すことで自然に笑顔にもなります。

 クイズの答え 珠穆朗玛峰 Zhūmùlǎngmǎfēng（チョモランマ：チベット語由来）

#04

基本の決まり文句④

4文字にチャレンジ! 4文字以上になるとがぜん「センテンス」感が増します。しかも定型パターンなので、マスターすればかなり気の利いたあいさつができるようになります。特に謝罪とまではいかない決まりの悪さを表す"不好意思"は職場で大切な相手と話をするときなどには欠かせません。まさに日本語の「すみません」に当たります。

☐ 1. 麻烦您了。
Máfan nín le.

☐ 2. 不好意思。
Bù hǎoyìsi.

☐ 3. 请多关照。
Qǐng duō guānzhào.

☐ 4. 请多指教。
Qǐng duō zhǐjiào.

☐ 5. 一路平安。
Yílù píng'ān.

📕 単語

麻烦 máfan　面倒をかける

好意思 hǎoyìsi　恥じることがない

请 qǐng　お願いする

多 duō　多い、たくさん

关照 guānzhào　面倒を見る

指教 zhǐjiào　指導する

一路 yílù　道中

平安 píng'ān　無事である

❓ クイズでひと息　中国人が祝うお正月は何と言う？

「すみません」「どうぞよろしく」 など

1. お手数かけます。

2. すみません。

3. どうぞよろしく。

4. ご指導願います。

5. 道中ご無事で。

✏️ 理解のヒント

"请多关照"は日本人専用といってもよい中国語です。中国人同士ではめったに使いません。でも日本人を相手にするときには中国人も普通に使います。中国的な作法としては堅苦し過ぎないように互いに距離を縮めていくことが相手に対する敬意ですが、同時に中国人は日本的な「定型」作法も尊重してくれますし、日本人としてもこれを言うことで落ち着きます。だから必須です。なお欧米人の使う教科書には出てきません。"一路平安"は「お気を付けて」ではありますが、それなりの距離を前提としますから、徒歩や路線バスで帰宅する程度の人に言うのはおかしいですね。そういうときには"路上小心 lùshang xiǎoxīn（道に気を付けて）"がいいでしょう。ただ言い過ぎるとかえってわざとらしかったりも。

 A クイズの答え　春节 Chūnjié（春節）

#05

基本の決まり文句⑤

引き続き4文字。これらは決まり文句なのにあまり教科書では教えてくれません。でも大人のコミュニケーションでは当たり前の「気遣い」として必要です。"哪里哪里"は"不客气"と同じ、と覚えましょう。ひょっとしたらこちらの方が覚えやすいかも。「お疲れでしょう」なんて気配りができれば好感度もアップ！

□ 1. 哪里哪里。

Nǎli nǎli.（特例："哪里"では"里"本来の第3声の影響を受ける。以下すべて同じ）

□ 2. 彼此彼此。

Bǐcǐ bǐcǐ.（特例：リズムを考慮して2文字目は第3声本来のまま）

□ 3. 没有关系。

Méiyǒu guānxi.

□ 4. 请您原谅。

Qǐng nín yuánliàng.

□ 5. 您累了吧？

Nín lèi le ba?

 単語

没有 méiyǒu　持っていない、ない

关系 guānxi　関係

原谅 yuánliàng　許す

累 lèi　疲れている

了 le　〜になった、〜した

吧 ba　〜でしょう、〜ですよね

❓ クイズでひと息　中国で最も新しくできた省は？

「お互いさまです」
「お許しください」など

1. とんでもないです。

2. お互いさまです。

3. 平気です。

4. お許しください。

5. お疲れでしょう。

✏️ 理解のヒント

"没有关系"は多くの人が「大丈夫です」として覚えてしまうようですが、それはちょっと危険です。だから本書では「平気です」としています。表情次第では「平気ではない」にもなってしまいますからご注意を。ちなみに"没关系 méi guānxi"でもOK。加減が心配ならば2回繰り返せば万事解決。"您累了吧?"と聞かれたら、よほどのことがない限り"不累不累 bú lèi bú lèi（疲れていませんよ）"と明るく返事するのがお約束。そう言っても相手はちゃんと表情を見て気遣ってくれます。"哪里哪里"の裏技を一つ。"哪～里!"という具合に繰り返さずに長～く1回言うことでも同じニュアンスになります。さしずめ「そ～んな～、水臭い!」みたいな感じ。だからといって"×彼～此"というのはありませんよ。

 A クイズの答え　海南省 Hǎinánshěng

06

初対面①

まずは自己紹介、ということで苗字はご自身のものを当てはめてください。フルネームを言う方法はこれとは別ですが、名刺をお持ちなら、それを渡せば済みます。それよりもまずは苗字をよどみなく言えるように！ もちろん自分の名前はフルネームでも言えるように練習しておきましょう。

☐ **1. 初次见面。**
Chūcì jiànmiàn.

☐ **2. 您贵姓？**
Nín guìxìng?

☐ **3. 我姓山田。**
Wǒ xìng Shāntián.

☐ **4. 他姓李。**
Tā xìng Lǐ.

☐ **5. 久仰久仰。**
Jiǔyǎng jiǔyǎng.（特例：リズムを考慮して2文字目は第3声本来のまま）

📕 **単語**

初次 chūcì　初回、初めて
见面 jiànmiàn　会う
贵姓 guìxìng　お名前
我 wǒ　私
姓 xìng　（名字は）〜という
他 tā　彼

❓ クイズでひと息　チベットを中国語で言うと？

「(苗字は)～といいます」
"姓"～

1. はじめまして。

2. お名前は？

3. 山田と申します。

4. 彼は李といいます。

5. お名前はかねがね。

✏️ 理解のヒント

"您贵姓?"とは言いますが "×他贵姓?"とは言いません。"贵" は目の前にいる相手に対する敬意ですので「あなた」の意味も含まれ、そこにいない "他" や "她 tā (彼女)" には使いませんし、複数をまとめた "你们 nǐmen" にも使いません。敬意は一人一人に表すべきで、まとめてしまったら敬意になりませんから。だから "您" はあっても "×您们" はないのです。それに苗字が全員同じとも限りませんから。ビジネスシーンなら名乗りながら名刺を渡すのがいいでしょう。そして "请多关照" と続けるとさらにグッド！ 相手がものすごい有名人なら "久仰久仰" のほかに "久仰大名 jiǔyǎng dàmíng" という言い方もあります。もっともそんなときには緊張のあまり言葉が出てこなくなってしまうかもしれませんね。

 クイズの答え　西藏 Xīzàng

07

初対面②

"是"を使う手始めに名前を使って練習しましょう。用途も確実に広がります。本書では、ここ以外に"是"を取り立てて項目としては設定していませんが、単語を入れ替えれば難しくはないでしょう。「相手が誰だか分からない、でも失礼にあたらないようにしないといけない」というときの"您是哪位?"は必須です。

□1. 我是铃木。

Wǒ shì Língmù.

□2. 他是我上司，佐藤。

Tā shì wǒ shàngsī, Zuǒténg.

□3. 这位是华洋集团的赵经理。

Zhè wèi shì Huáyáng jítuán de Zhào jīnglǐ.

□4. 这是我们公司。

Zhè shì wǒmen gōngsī.

□5. 您是哪位？

Nín shì nǎwèi?

📖 単語

是 shì ～である ｜ 哪位 nǎwèi どなた

上司 shàngsī 上司

这 zhè これ、この

位 wèi 人を数える量詞（敬意を込めた表現）

的 de ～の、名詞に接続するための助詞

经理 jīnglǐ 経営者、マネジャー

我们 wǒmen 私たち

公司 gōngsī 会社

❓ クイズでひと息　中国の「国獣」は？

「〜です」
"是"〜

1. 私は鈴木です。

2. 彼は上司の佐藤です。

3. この方は華洋グループの趙経理です。

4. これがうちの会社です。

5. お宅さまは？

🖉 理解のヒント

"是"は「〜です」、その否定形「〜ではありません」は "不是 bú shì" です。なお中国語には「過去形」という概念はなく、過去の時点を指定する言葉を加えたり、あるいは文脈で解釈したりするので、「〜でした」「〜ではありませんでした」も "是" "不是" で表します。名前を聞くのではなく「どちらさまですか」と聞く際、"您是…" と語尾をぼかす方法もよく使います。余韻を残せば相手がそのあとを拾ってくれます。"谁 shéi（誰）" を知っている人もいるでしょうが、"你是谁?" は「あんた誰?」とぶっきらぼうな響きになるのでNG。たとえ "您是谁?" としても「いぶかり感」は同じです。少しでも「丁寧に対応しなければいけないかも」と思ったら、"你是谁?" は禁物です。その必要がなければ使ってもOK。

🅐 クイズの答え　熊猫 xióngmāo（パンダ）

#08
状況・感想①

天気、料理、品物、景色などの感想や、容姿、ファッション、人柄を褒めることなどは無難な会話トピックとして必要になります。そこで形容詞を用いた表現方法を覚えて「描写上手」「褒め上手」になりましょう。お世辞なども含めて、教材ではお目にかからないものでも自分がよく使いそうな形容詞をどんどんストックしておきましょう。

□1. 今天很热。
　　Jīntiān hěn rè.

□2. 这个很好吃。
　　Zhège hěn hǎochī.

□3. 她很能干。
　　Tā hěn nénggàn.

□4. 他很认真。
　　Tā hěn rènzhēn.

□5. 质量很好。
　　Zhìliàng hěn hǎo.

📖 単語

今天 jīntiān　今日	质量 zhìliàng　品質、質
很 hěn　とても	

热 rè　暑い、熱い

这个 zhège　これ、この

好吃 hǎochī　おいしい

她 tā　彼女

能干 nénggàn　能力がある

认真 rènzhēn　真面目である

❓ クイズでひと息　台湾ではパンダを何と言う？

「〜（という状況・感想）です」
"很"＋形容詞

1. 今日は暑いですね。

2. これ、おいしいですね。

3. 彼女は能力が高いです。

4. 彼は真面目です。

5. 質がいいですね。

✏️ 理解のヒント

日本語では形容詞を述語とする文に「寒いです」「酸っぱいです」のように「です」を付けることがありますが、中国語の形容詞述語文に"是"は不要です。肯定文では一般的に形容詞の前に"很"を添えます。"很"を用いない言い方もできますが、その場合は何かほかの事物との対比をしているように聞こえます。例えば"今天热（昨天不热 zuótiān bú rè）"は「（昨日は暑くありませんでしたが）今日は暑いですね」という具合です。"很"には本来「とても」という意味がありますが、形容詞述語文ではそれを強調しません。もし「とても」を際立たせたいなら、"很"を強調して発話するか、別の副詞を用います。なお形容詞にも時制による処理法はなく、明確にするには時点を示す言葉を冒頭に置くことで対応します。

 クイズの答え　猫熊 māoxióng

#09

状況・感想②

状況を表現する際には否定の形も覚えておかなければなりません。「暇」ではないが「忙しくない」、「簡単」ではないけれど「難しくない」などなど。そして特に中国語では時に否定文で状況を言う方がより効果的な場合もあります。例えば"很多"と言うより"不少 bù shǎo（少なくない）"の方がより強く響いたりもします。

☐1. 我不累。
Wǒ bú lèi.

☐2. 今天不忙。
Jīntiān bù máng.

☐3. 他不简单。
Tā bù jiǎndān.

☐4. 路不远。
Lù bù yuǎn.

☐5. 那儿不合适。
Nàr bù héshì.

 単語

忙 máng　忙しい
简单 jiǎndān　簡単である、単純である
路 lù　道
远 yuǎn　遠い
那儿 nàr　そこ、あそこ
合适 héshì　適している、ちょうどよい

❓ **クイズでひと息**　中国国旗の名称は？

「～（という状況・感想）ではありません」
“不”＋形容詞

1. 私は疲れていません。

2. 今日は忙しくありません。

3. 彼は大したものです。

4. 道は遠くありません。

5. あそこは適していません。

✏️ 理解のヒント

形容詞の文は否定の場合も“不是”ではなく“不”のみでOK。なお肯定文の際に用いていた“很”は否定文では通常不要です。もし“很不 hěn bù”とすると「とても～でない」、“不很 bù hěn”とすると「とても～というわけではない」という意味になります。“很”はもともと「とても」という程度を表す副詞です。ただ肯定文ではリズムの調整的作用として使われる「置き字」のようなものと理解してください。例文にある“简单”はそもそも“复杂 fùzá（複雑である）”の対義語で、構造の特徴を表す形容詞です。“难 nán（難しい）”の対義語は本来“容易 róngyì（容易である）”です。ということで、ここでは人間を形容する前者の例として提示しました。実際には“容易”と同義で使うのも問題ありません。

 クイズの答え　　五星红旗 Wǔxīng-Hóngqí（五星紅旗）

#10
状況の変化①

"了"は一筋縄ではいかない難しい助詞ですが、まずは簡単なパターンとして文末に付ける方法を覚えましょう。例えば"吃药了 chī yào le"は「薬を飲んだ状態になった」→「薬を飲んだ」という具合です。「状況の変化」とは、「以前の状況」に変化が生じ「新たな状況」に「なった」という意味です。

☐ 1. 天気好了。
　　 Tiānqì hǎo le.

☐ 2. 病好了。
　　 Bìng hǎo le.

☐ 3. 他当部长了。
　　 Tā dāng bùzhǎng le.

☐ 4. 我们结婚了。
　　 Wǒmen jiéhūn le.

☐ 5. 他独立了。
　　 Tā dúlì le.

 単語

天气 tiānqì　天気

病 bìng　病気

当 dāng　～になる

部长 bùzhǎng　部長

结婚 jiéhūn　結婚する

独立 dúlì　独立する

❓ クイズでひと息　エビチリを中国語で言うと？

「〜になりました」
〜“了”。(文末)

1. 天気がよくなりました。

2. 病気がよくなりました。

3. 彼は部長になりました。

4. 私たちは結婚しました。

5. 彼は独立しました。

🖉 理解のヒント

"了"は文末に置くことで「〜になりました」という意味を表します。例文4も5も本来「こういう状況になりました」の意味で、それを踏まえたうえで、和訳が「〜しました」となるのは構いません。ただし「過去形」という覚え方は×。例えば "我是老师了。Wǒ shì lǎoshī le." としたときに「私は先生になりました」であって、「先生でした」ではないのです。例文1も「天気がよかった」ではありません。「先生でした」も「天気がよかった」も具体的な「いつ」を明示するか、もしくは文脈で理解させるかになり、「過去形」という文法マーカーはありません。文末の "了" は、ある状況からここに示す状況に変化したことを表します。「〜になりました」以外のケースは次のパターン11で。

 クイズの答え 干烧虾仁 gānshāo xiārén

11

状況の変化②

文末の"了"を「過去形」と決めつけないでください。文末の"了"は状況が変化したことを表すものですが、着地点を未来に設定することもできます。その場合は「～になる」という意味にもなります。つまり「これから～になる」という表現もできるのです。未来の時点を明示するか、これからしようとすることに"了"を付ければOK。

□1. 我先走了。
Wǒ xiān zǒu le.

□2. 我明年就毕业了。
Wǒ míngnián jiù bìyè le.

□3. 要开会了。
Yào kāihuì le.

□4. 吃饭了，吃饭了。
Chī fàn le, chī fàn le.

□5. 回家了，回家了。
Huí jiā le, huí jiā le.

📙 単語

先 xiān　先に ｜ 回家 huí jiā　家に帰る
走 zǒu　出発する
明年 míngnián　来年
就 jiù　すぐ
毕业 bìyè　卒業する
要(+動詞) yào　～しますよ
开会 kāihuì　会議をする
吃饭 chī fàn　食事をする

❓ クイズでひと息　1999年にポルトガルから中国に返還されたのは？

「〜になります」
〜"了"。（文末）

1. お先に失礼します。

2. 私は来年卒業になります。

3. 会議ですよ。

4. ごはん（の時間）ですよ。

5. 帰りましょう。

✏️ 理解のヒント

変化する時点を未来にしたり、文脈でそのように理解できたりするケースでは、文末の"了"は「〜になります」と解釈します。「〜になる」ということで「状況の変化」を表すことには違いがありません。時制の縛りはないので、このように変化する着地点を未来にして予定や予測のように使うこともできるのです。未来の時点を示しながら"了"を用いなければ、「未来のある時点で〜する」というだけの表現になります。それはそれで問題ありません。例文4、5は話し相手に対して誘ったり促したりするような口調で、繰り返し言うのもそんな状況を補強しています。慣れてきたら友達や同僚に声を掛けてみましょう。

🅰 クイズの答え　澳門 Àomén（マカオ）

#12

場所の質問

場所を尋ねる最も基本的な言い方です。世界地図や中国あるいは日本の地図を見ながら
国や都市を尋ねることも、道路地図を広げて街角で近所の店や銀行などを尋ねることも、
今いる建物内でエレベーターやトイレの場所を尋ねることも、探している人あるいは電話
の相手の居場所を尋ねることも全部OK。

□1. 洗手间在哪儿？

Xǐshǒujiān zài nǎr?

□2. 问讯处在哪儿？

Wènxùnchù zài nǎr?

□3. 周老师的办公室在哪儿？

Zhōu lǎoshī de bàngōngshì zài nǎr?

□4. 邮局在哪儿？

Yóujú zài nǎr?

□5. 小卖部在哪儿？

Xiǎomàibù zài nǎr?

 単語

洗手间 xǐshǒujiān　トイレ

在 zài　～にある

哪儿 nǎr　どこ

问讯处 wènxùnchù　案内所、受付

老师 lǎoshī　先生

办公室 bàngōngshì　オフィス

邮局 yóujú　郵便局

小卖部 xiǎomàibù　売店

 クイズでひと息　中国の通貨は？

「〜はどこですか」
〜 "在哪儿"?

1. トイレはどこですか。

2. 案内所はどこですか。

3. 周先生のオフィスはどこですか。

4. 郵便局はどこですか。

5. 売店はどこですか。

✏️ 理解のヒント

同じフロアや近所ならたぶん指差しなどで教えてくれるでしょうが、階が異なる場合は数字が聞き取れないといけません。まずは1桁の数字が言えて聞き取れるようにしておきましょう。もし多少距離がありそうな場合は、答えも「最初の信号を右に曲がって、500メートルくらい行くとコンビニがあるから…」みたいなことになるでしょう。会話としてはハードルが高くなります。でも目的がはっきりしているから慣れることでじきにそういう悩みも解消されます。慣れるまではあらかじめ地図やスマホGPSのご用意を。聞き取れないときは遠慮せず勇気を出して"请再说一遍 Qǐng zài shuō yí biàn(もう一度言ってください)"と聞き返しましょう。

 クイズの答え　人民币 rénmínbì(人民元)

13

所有

「誰が何を持っている／持っていない」という表現は必須ですね。特に「自分が持っている／持っていない」はしょっちゅう使う表現です。「時間」「資格」「権利」などの概念にも使えます。「所有」とはいえないかもしれませんが、「私には兄がいる」「私はいい先輩がいる」など人についても用いることができます。

□1. 我有零钱。
Wǒ yǒu língqián.

□2. 我有笔。
Wǒ yǒu bǐ.

□3. 我有地图。
Wǒ yǒu dìtú.

□4. 我没有名片。
Wǒ méiyǒu míngpiàn.

□5. 我没有时间。
Wǒ méiyǒu shíjiān.

 単語

有 yǒu　持っている
零钱 língqián　小銭
笔 bǐ　ペン、書く物
地图 dìtú　地図
名片 míngpiàn　名刺
时间 shíjiān　時間

❓ クイズでひと息　中国語試験「HSK」を中国語で言うと？

「〜を持っています」
"有"〜

1. 私は小銭を持っています。

2. 私は書くものを持っています。

3. 私は地図を持っています。

4. 名刺を持っていません。

5. 時間がありません。

✏️ 理解のヒント

"有"は所有を表すことができます。つまり「〜を持っている」です。否定形は"不"ではなく"没"を用いて"没有"とします。なお"没"だけにして"有"を省略することもできます。疑問文「〜を持っていますか」としたいときには文末に"吗? ma?"を用います。これはほかの述語文でも基本的に同じです。また"吗"を用いる代わりに"有"の部分を"有没有 yǒu méiyǒu"とする疑問形も使えます。ごく簡単に"有""没有"とだけ答えることもできますが、その際に"没"を1字だけで言うことはできません。"有"についても「持っている」「持っていた」のような時制を区別する文法マーカーはありません。そのような必要があるときにはやはり「いつ」に当たる言葉を冒頭に示します。

 クイズの答え　汉语水平考试 Hànyǔ Shuǐpíng Kǎoshì

#14

完了した事実

パターン10に通じますが、"已经"があることで「確実に終わっている」ことが鮮明になります。日本語を習いたての中国人学生が「〜しました」と言いたいときに「もう」を頻繁に付けることから、逆に中国語では"已经"を普通に使うんだなぁと気付かされます。なお「〜してしまった」というある種後悔や焦燥の気持ちは含んでいません。

□1. 我已经吃饭了。
　　　Wǒ yǐjīng chī fàn le.

□2. 他已经去上海了。
　　　Tā yǐjīng qù Shànghǎi le.

□3. 我已经交钱了。
　　　Wǒ yǐjīng jiāo qián le.

□4. 她已经走了。
　　　Tā yǐjīng zǒu le.

□5. 我已经买了。
　　　Wǒ yǐjīng mǎi le.

📖 単語

已经 yǐjīng　すでに
去 qù　行く
上海 Shànghǎi　上海
交 jiāo　渡す、提出する
钱 qián　お金
买 mǎi　買う

❓ クイズでひと息　清朝皇帝は何族？

「もう〜しました」
"已经"+動詞〜"了"。

1. ごはんはもう食べました。

2. 彼はすでに上海へ行きました。

3. お金はもう渡しました。

4. 彼女はもう出発しました。

5. もう買いました。

理解のヒント

あえて"已经"と言わなくてもいいのですが、これを言うことで「もう済んでいる」ということがはっきりします。逆に"已经"を用いて"了"を用いないということも可能ですが、"了"があるとないとでは「文をきちんと言いきった感」の有無に違いが生じます。もちろん声のトーンや表情・相手との関係性などもあるので、文法だけでは一概に言えませんが。なおここにも「状況の変化」が生きています。「言いきった感」とは、「ほかに言い残したことがない」という感じを意味します。"了"がないと何かまだ含みを残しているようにも聞こえます。何度も言って恐縮ですが、「過去形」ではなく、動作・行為の「完了」を表すのが趣旨です。ただしこの項は"已经"があるので実質的に過去の話になっています。

 クイズの答え　満族 Mǎnzú（満州族）

#15
未完の事実

「〜しました」の否定「〜していません」。「まだ」もよく使うので一緒に覚えましょう。なお"没"だけなら「〜しませんでした」としても使います。日本語の「〜していません」と「〜しませんでした」にはニュアンスに違いがありますが、後者の「意図的にしなかった」ことを伝えたいときには理由を別途説明します。ここでは、"还没"として前者のみ扱います。

□ 1. 她还没到。
　　　Tā hái méi dào.

□ 2. 我还没看。
　　　Wǒ hái méi kàn.

□ 3. 会议还没结束。
　　　Huìyì hái méi jiéshù.

□ 4. 结果还没出来。
　　　Jiéguǒ hái méi chūlai.

□ 5. 他还没答应。
　　　Tā hái méi dāying.

📖 単語

还 hái　まだ

到 dào　着く

看 kàn　見る

会议 huìyì　会議

结束 jiéshù　終わる、終える

结果 jiéguǒ　結果

出来 chūlai　出てくる

答应 dāying　了承する、OK する

❓ クイズでひと息　2割引を中国語で言うと？

「まだ〜していません」
"还没" +動詞〜

1. 彼女はまだです。

2. まだ見ていません。

3. 会議はまだ終わりません。

4. 結果はまだです。

5. 彼はまだ了承していません。

✏️ 理解のヒント

"还" は否定文で用いると「まだ〜ない」の意味になります。もちろん必須という わけではないので言わなくても可。動詞の否定表現として、「〜しない」という自 らの意志による否定では "不" を用いますが、意志に関係なく事実としてすでに 確定している否定では "没（有）" を用います。たとえその決定に意志が働いてい ようが、そこは問題にしません。ただしここでは "还" を加えることで「〜してい ない」に特化しました。例文5の "答应" はただの「答える」ではなく、「応じる」 つまり「ハイ、と言う」「OKする」「了承する」という意味です。また声調が "回答 huídá" の "答"、"应该 yīnggāi" の "应" とは異なる多音字であるという点にも注 意しましょう。

 クイズの答え　八折 bā zhé (8掛け)

#16

動作・行為の誘い

「一緒に」と人を誘うことって結構あるものです。それはコミュニケーションのうえで大切なマナーでもあります。「私たち」と言えばそれで済む、ではなく、"我们一起"という口火切りに慣れてしまいましょう。"一起"自体は副詞として誘い以外の文にも使えます。"我们"を状況に応じて"大家 dàjiā（皆さん）"にしてもいいですね。

□1. 咱们一起努力吧。
　　Zánmen yìqǐ nǔlì ba.

□2. 我们一起走吧。
　　Wǒmen yìqǐ zǒu ba.

□3. 我们一起吃饭吧。
　　Wǒmen yìqǐ chī fàn ba.

□4. 我们一起讨论吧。
　　Wǒmen yìqǐ tǎolùn ba.

□5. 我们一起学习吧。
　　Wǒmen yìqǐ xuéxí ba.

 単語

咱们 zánmen　私たち（聞き手も含む）

一起 yìqǐ　一緒に

努力 nǔlì　努力する

吧 ba　～しましょう

讨论 tǎolùn　議論する

学习 xuéxí　勉強する

❓ クイズでひと息　1966年～1976年に中国で起こったのは？

「一緒に〜しましょう」

"一起"＋動詞〜

1. 一緒に頑張りましょう。

2. 一緒に行きましょう。

3. 一緒に食事しましょう。

4. 一緒に議論しましょう。

5. 一緒に勉強しましょう。

✏️ 理解のヒント

"咱们"も"我们"も「私たち」ですが、"咱们"は「あなたも含めての私たち」という意味で、"我们"は相手を含める場合にも、相手と自分たちを分けて言う場合にもどちらにも使えるマルチ性があります。ここの例文は基本的に相手を含むような雰囲気にしています。"咱们（我们）一起"全体で「一緒にしましょう」という親しげなニュアンスですから"咱们（我们）"は省略しないでください。応用方法として、例えば「私たち日本人」や「私たちスタッフ」などと言いたいときには"咱们（我们）"の後にそのまま"日本人 Rìběnrén""工作人员 gōngzuò rényuán"を続けて言えばOKで、そのとき間に"的"をはさんではいけません。"的"をはさむと「私たちの〜」となるからです。

🅐 クイズの答え　文化大革命 Wénhuà Dàgémìng

#17

食事の相談①

基本的な「動詞＋目的語」の語順というくくりではなく、人間の一番基本的行為「飲食」の表現として、まずは目の前の相手に尋ねる言い方、「何を食べる／飲む」に慣れてしまいましょう。動詞の前に"想"を用いることで「〜したい」、つまりここでは「食べたい／飲みたい」になります。スラっと言えるようになるまで何度も口にしましょう。

□1. 您吃什么？

Nín chī shénme?

□2. 您想吃什么？

Nín xiǎng chī shénme?

□3. 您喝什么？

Nín hē shénme?

□4. 您想喝什么？

Nín xiǎng hē shénme?

□5. 我们吃什么？

Wǒmen chī shénme?

 単語

想 xiǎng 〜したい

吃 chī 食べる

喝 hē 飲む

 クイズでひと息 中華人民共和国の成立年は？

058

「何を食べますか／食べたいですか」
(“想”+)“吃／喝”+“什么”?

1. 何を食べますか。

2. 何が食べたいですか。

3. 何を飲みますか。

4. 何が飲みたいですか。

5. 何を食べましょうか。

🖉 理解のヒント

もしあなたが「もてなす側」の立場なら、中国式ではどんどん積極的に相手の希望を尋ねることが必須です。ですから大雑把に「何料理」にするか、そして具体的に「何」にするか、どんどん先手を打ちましょう。もちろん「もてなす」というほどでなく、一緒に食事をしようとする相手に普通に聞く場合でも構いません。“想”は会話的にはあってもなくても構いません。会話の状況で意図は同等に伝わります。特に「もてなす」場合なら、それより「熱意」が大切、そしてそれを表すのが言葉です。例文5を使って先手を打てば、相手に聞かれて「迷ってしまう」ということも避けられます。外国語の会話では自分のペースを作る「戦略」も重要。

🅰 **クイズの答え** 一九四九年 yī jiǔ sì jiǔ nián

#18
食事の相談②

質問の仕方に慣れたら、今度は自分が何を食べたい／飲みたいかも言えなくてはいけません。必ずしも具体的な料理名ばかりでなく、「和食」「中華」などのジャンルや、「辛いもの」「甘いもの」、もっとざっくり「肉」「魚」「野菜」でもOK。なお自分が本当に食べたい／飲みたいものは自分だけしか分かりませんから、事前に調べて頭に入れておきましょう。

☐ 1. 我吃拉面。
Wǒ chī lāmiàn.

☐ 2. 我想吃中国菜。
Wǒ xiǎng chī Zhōngguócài.

☐ 3. 我喝乌龙茶。
Wǒ hē wūlóngchá.

☐ 4. 我喝热咖啡。
Wǒ hē rè kāfēi.

☐ 5. 什么都可以。
Shénme dōu kěyǐ.

📖 単語

拉面 lāmiàn　ラーメン
中国菜 Zhōngguócài　中国料理
乌龙茶 wūlóngchá　ウーロン茶
热咖啡 rè kāfēi　ホットコーヒー
都 dōu　いずれも、すべて
可以 kěyǐ　大丈夫、OK

❓ クイズでひと息　中国初のノーベル文学賞受賞者は？

「～が食べたいです／～にします」

(“想”＋)“吃／喝”～

1. ラーメンにします。

2. 中華が食べたいです。

3. ウーロン茶にします。

4. ホットコーヒーにします。

5. 何でもいいです。

✏️ **理解のヒント**

昔に比べたらいろいろなものが世界中どこでも入手できるようにはなってきましたが、それでも文化が異なると理解してもらえなかったり、イメージしにくかったりすることもあります。例えば日本の「白酒」と中国の“白酒 báijiǔ”はまったく別物ですね。スムーズに伝わる品物かどうかも考慮が必要です。また、中国人も「何でもいいです」と遠慮することはもちろんありますし、私たちも本当にそう言いたいこともありますから、例文の最後に加えておきました。でも具体的に言った方が相手にとってありがたいこともありますし、何よりも「何でもいいです」と言えば、さらに「そんなこと言わないで…」とか「じゃあ～はどうですか」などと会話がもっと複雑になるかも。覚悟あれ。

 クイズの答え　莫言 Mò Yán

#19

行動の相談①

仕事や交流活動などでホストを務めることって意外に多いもの。相手の意向を尋ねる二大クエスチョンとして、「どこへ行きたい」「何をしたい」を積極的に尋ねることは必須です。"想"を付ければ、ただ根掘り葉掘りというのではなく、要望を聞く思いやりになります。ただ中国語では"想"がなくてもそれほどぶっきらぼうには解釈されません。

☐ 1. 您去哪儿？

Nín qù nǎr?

☐ 2. 您想去哪里？

Nín xiǎng qù nǎli?

☐ 3. 您想看什么节目？

Nín xiǎng kàn shénme jiémù?

☐ 4. 您想唱什么歌？

Nín xiǎng chàng shénme gē?

☐ 5. 您想做什么？

Nín xiǎng zuò shénme?

📖 単語

哪里 nǎli どこ、どちら

节目 jiémù 番組、演目

唱 chàng 歌う

歌 gē 歌

做 zuò する、行う

 クイズでひと息　一年中温暖で「春城」と呼ばれる中国の都市は？

「どこへ行きますか／何をしますか」
"哪儿／哪里""什么（+～）"

1. どこへ行きますか。

2. どこへ行きたいですか。

3. 何の番組が見たいですか。

4. 何の歌を歌いたいですか。

5. 何がしたいですか。

✏️ 理解のヒント

中国語の最も基本的な疑問詞が "哪儿（どこ）" "什么（何）" の二つ。語順に英語のような文頭といった固定位置ルールはなく、主語なら主語の位置、目的語なら目的語の位置に用いればOK、この点は日本語と同じです。ここでは「どこへ」と「何を」、つまり目的語としての使用に限定しました。疑問詞を用いた疑問文では文末に "吗 ma" は不要です。それだけで疑問の意味を表せるのが疑問詞です。もし文末に "吗" を用いると、諾否（はいorいいえ）疑問が優先され、疑問詞部分は「どこ」「何」ではなく、「どこか」「何か」の意味になります。例えば "您想去哪儿吗?" は「どこかへ行きたいのですか」の意味となり、別の文として成立します。「伝わらない」より「違う意味になる」ことの怖さです。

 クイズの答え　昆明 Kūnmíng

#20
行動の相談②

「どこへ行く」「何をする」を聞かれたときには自分の要求を伝えなければいけません。「どこでも」「何でも」という答えもありますが、相手にとって無理のない範囲の要求を具体的に言うのがスマートです。人によってはストレートに言うのを「下品」と感じる場合もありますが、価値観も随分変わってきたように思います。

□ 1. 我去厕所。
Wǒ qù cèsuǒ.

□ 2. 我想去这个地方。
Wǒ xiǎng qù zhège dìfang.

□ 3. 我想看夜景。
Wǒ xiǎng kàn yèjǐng.

□ 4. 我想买礼品。
Wǒ xiǎng mǎi lǐpǐn.

□ 5. 我想休息。
Wǒ xiǎng xiūxi.

📖 単語

厕所 cèsuǒ　トイレ
地方 dìfang　場所
夜景 yèjǐng　夜景
礼品 lǐpǐn　プレゼント
休息 xiūxi　休憩する、休む

 クイズでひと息　国交を中国語で言うと?

「〜へ行きます／〜をします」
（"想"＋）動詞〜

1. トイレに行ってきます。

---

2. ここへ行きたいです。

---

3. 夜景が見たいです。

---

4. お土産を買いたいです。

---

5. 休憩したいです。

✏️ 理解のヒント

「〜したい」と願望を表す言葉としてはもう一つ "愿意 yuànyì" も覚えておくとよいでしょう。使い方は "想" と同じです。両者に明確な違いはありませんが、"愿意" は表現がおとなしめに思えます。もっともこれも発声の具合に左右されますが。一般的な中国語教材では、この意味で使う "要 yào" も紹介していますが、"要" にはいろいろな意味で使われるマルチ性がある分、願望に特化するパンチはやや弱く、声を張り上げないと伝わりにくいので推奨しません。マルチ性のある言葉は便利な反面、より高度な使い方が求められます。絶対行動に移すことが決まっている、あるいはただ「〜をする」というなら "想" を付けなくて OK。動詞はよく使いそうな目的語とセットで覚えましょう。

🅐 クイズの答え　邦交 bāngjiāo

大人ならではの心構え

●大人は「勉強」できない?

　「勉強」という漢字語は中国語にもありますが、意味が異なります。中国語の"勉強"は「無理して強いる／強制する／嫌々ながら／しぶしぶ」という意味です。日本語で言う「学習」の意味はありません。日本人は「学習」を「嫌々ながら」やることと考えたのでしょうか。

　子どもの頃は先生や親に叱られるのが嫌だから「嫌々ながら」でも「しぶしぶ」でもやりました。私もまさしくその口です。

　でも大人は無理してまでやりたくありません。しかし学習には、ある意味無理もつきものです。

　最近はそうしないようにすることを「モチベーション」なんていう表現をしますね。もっと簡単に言うと「いかに楽しく続けるか」です。そうすることで「無理」と思わなくするのです。

●中国語の「学習」を「楽しむ」「面白がる」

　そのためにはまず、中国語の「学習」を「楽しむ」「面白がる」ことが大事。もっと簡単に言うと「好きになる」「夢中になる」です。どんなに忙しくても恋人には必ず電話したり、好きなものは残さず食べたり、アイドルにはお金をつぎ込んだりしますよね。それと同じです。

　さて、よく社会人学習者から、「文法なんてどうでもいいんです。とにかくしゃべれるようにしてください」と要望されます。でもその信念を学習者自らが破ってしまうのがオチです。「これはどういう構造ですか?」「分かりやすく説明してください」……結局こうなります。でもそれは仕方のないことです。子どもは理屈抜きで覚えることができます。「子どもはこうやって言葉を覚える」なんていう本を時々見かけますが、それを大人に当てはめることはできません。子どもは素直ですが、大人はそうじゃありません。もちろん私も含めてです。

●難しい点はルール化する

　だからあえて、難しい点はルールとして「言葉で説明できる」ようにしていきましょう。何でもかんでもということではありませんが、納得がいくことで大人は安心できます。そしてこれを積み上げていくと、ど忘れしても再生が簡単になります。そして子どものように簡単に「丸呑み」することは難しいでしょうが、時間がかかった分、細々とでも続けてさえいれば、子どもよりも「忘れにくい」という利点もあります。だからこの本も「パターン」というルールを最低限用いています。

　大人ならではの心構え、「楽しむ」「続ける」「ルール化する」で"加油！（頑張りましょう！）"。

#21

好み①

「何が好き」という会話の話題は超無難、必ずといってもいいくらい出る実用性の高いものです。もちろん飲食に限らずどんな好みにも使えます。まずは食の好みで発話に慣れておきましょう。好きなものの語彙は各自ご用意ください。慣れてきたら飲食以外のものにも広げていきましょう。

□1. 你喜欢吃什么？
　　Nǐ xǐhuan chī shénme?

□2. 我喜欢吃肉。
　　Wǒ xǐhuan chī ròu.

□3. 我喜欢吃面。
　　Wǒ xǐhuan chī miàn.

□4. 我喜欢吃蔬菜。
　　Wǒ xǐhuan chī shūcài.

□5. 我喜欢喝中国茶。
　　Wǒ xǐhuan hē Zhōngguóchá.

📖 単語

喜欢 xǐhuan　〜するのが好きである
肉 ròu　肉（一般的にブタ肉を指す）
面 miàn　めん類
蔬菜 shūcài　野菜
中国茶 Zhōngguóchá　中国茶

 クイズでひと息　中国最大の国営テレビ局は？

「～が好きです」
"喜欢"～

1. 何が好物ですか。

2. 肉が好きです。

3. めん類が好きです。

4. 野菜が好きです。

5. 中国茶が好きです。

✐ 理解のヒント

漢字の印象で"好"を誤用する人が多いようですが、絶対にダメ。"好"の意味の基本は「良い」です。「好き」「好む」という意味もありますが、現代中国語では熟語の一部として使われるのみで、「好む」という動詞としては使いません。例えば"好奇 hàoqí（好奇心がある）""爱好 àihào（愛好する）""嗜好 shìhào（嗜好）"などです。その際、発音はhǎoではなくhàoです。"喜欢"は動詞ですが、程度を表す副詞"很""非常 fēicháng""最 zuì"を付けて「大好き」「一番好き」というふうに応用できます。目的語の部分は名詞だけで成立しますが、できれば「～するのが好きです」という具合に動詞＋目的語の形にするとよりきちんと伝わりやすくなりますので、普段から"吃"や"喝"も一緒に言う習慣付けをするとグッド！

Ⓐ クイズの答え　中央电视台 Zhōngyāng-Diànshìtái（中国中央テレビ）

#22

好み②

実は好みに関しては「好き」以上に「好きではない」話の必要度が高いともいわれます。だからあえて肯定文と否定文をそれぞれ別のパターンとしました。「あまり好きではない」の"不太"も覚えておけば、より主張しやすくなるでしょう。嫌いなものがない人にはおわび申し上げます。

□1. 我不喜欢西餐。
Wǒ bù xǐhuan xīcān.

□2. 我不太喜欢汉堡包。
Wǒ bú tài xǐhuan hànbǎobāo.

□3. 我不喜欢吃螃蟹。
Wǒ bù xǐhuan chī pángxiè.

□4. 我不太喜欢辣的。
Wǒ bú tài xǐhuan là de.

□5. 我不怎么喜欢水果。
Wǒ bù zěnme xǐhuan shuǐguǒ.

📖 単語

西餐 xīcān　洋食

不太 bú tài　あまり～でない

汉堡包 hànbǎobāo　ハンバーガー

螃蟹 pángxiè　カニ

辣 là　辛い

的 de　～のもの

不怎么 bù zěnme　大して～でない

水果 shuǐguǒ　果物

❓ **クイズでひと息**　キャンピングカーを中国語で言うと？

「〜は好きではありません」

“不喜欢”〜

1. 洋食は好きではありません。

2. ハンバーガーはあまり……。

3. カニは好きではありません。

4. 辛いものはあまり……。

5. 果物はあまり……。

✎ 理解のヒント

日本語ではあまり気にせず「嫌い」という言葉も普通に使いますね。中国語にも「嫌い」という言葉はあり、“讨厌 tǎoyàn”と言いますが、基本的には“不喜欢”を使いましょう。理由①：「キツ過ぎる」。日本語ではそんなに思いませんが、中国語の“讨厌”は「忌み嫌う」「憎む」くらいの響きになります。理由②：「発音次第では別の意味にとられる危険性あり」。例えば女性が「嫌だわ…」とかわいくすねてみせたりするときに使います。外国人の中国語は概して軟らかめに響くので誤解が生じます。男性が言うと響きもちょっと変な感じに。例文5の“不怎么”は「大して〜でない」の意味。ネガティブな意見表明は曖昧な表現の方が言いやすい場合も多々ありますよね。

Ⓐ **クイズの答え** 房车 fángchē

23

責任・義務・不可欠

誰しも縛られるのは嫌なのに、「～しなければならない」「～しないといけない」「～すべきだ」などは意外と頻繁に口にします。まずは表現に慣れて、余裕が出てきたら口調や表情にも気を配りましょう。このパターンを話し相手に向かって用いると「だから～しなさい」という真意を伝えることもできます。

□1. 我得走了。
Wǒ děi zǒu le.

□2. 我得回家。
Wǒ děi huí jiā.

□3. 我得重新调查。
Wǒ děi chóngxīn diàochá.

□4. 今天我应该请客。
Jīntiān wǒ yīnggāi qǐngkè.

□5. 我应该感谢您。
Wǒ yīnggāi gǎnxiè nín.

📖 単語

得 děi ～しなければならない

重新 chóngxīn 改めて、もう一度初めから

调查 diàochá 調べる

应该 yīnggāi ～すべきである

请客 qǐngkè おごる、ごちそうする

感谢 gǎnxiè 感謝する

❓ クイズでひと息　中秋節に食べる伝統的なお菓子は？

Run

「～しなければならない」
"得／应该"＋動詞～

1. 行かなくちゃ。

2. 家に帰らないといけません。

3. 改めて調べないと。

4. 今日は私がごちそうしないと。

5. あなたに感謝しなければなりません。

✏ 理解のヒント

"应该"には注意が必要です。"应该"の「～しなければならない」理由は、常識的・道義的・人情的・普遍的なものをイメージしています。聞きようによっては説教くさくさえなります。例えば"父母应该保护孩子 fùmǔ yīnggāi bǎohù háizi（両親は子どもを守らなければならない）"ならいいですが、"你应该结婚 nǐ yīnggāi jiéhūn（あなたは結婚すべきだ）"は人によっては違和感も。それを常識と思って言う場合はともかく、個人的な見解と分かっているならやや押し付けがましい感があります。もちろん主観も入りますので、人によって差もあります。迷ったときにはマルチ性を有する"得"が無難。しかし「万能」は必ずしも「最適」ではありません。使い分けにも慣れていきましょう。

 クイズの答え　月饼 yuèbing（月餅）

#24

状況・感想の質問・提案

"怎么样?"を最後に付け加えるだけのシンプルな表現ですが、会話をとても豊かにします。また "怎么样?" は単体でもよく使います。ジェスチャーと一緒に使えばユーモラスに伝えることもできます。あとは質問や提案などの言葉とあわせて会話相手に気軽に問いかけてみましょう。

☐ 1. 最近工作怎么样?
　　Zuìjìn gōngzuò zěnmeyàng?

☐ 2. 明天天气怎么样?
　　Míngtiān tiānqì zěnmeyàng?

☐ 3. 你身体怎么样?
　　Nǐ shēntǐ zěnmeyàng?

☐ 4. 味道怎么样?
　　Wèidào zěnmeyàng?

☐ 5. 看电影，怎么样?
　　Kàn diànyǐng, zěnmeyàng?

📕 単語

最近 zuìjìn　最近

工作 gōngzuò　仕事

怎么样 zěnmeyàng　どうですか

明天 míngtiān　明日

身体 shēntǐ　身体、体

味道 wèidào　味

电影 diànyǐng　映画

❓ **クイズでひと息**　香港を「ホンコン」と言うのは何方言?

「～はどうですか」
～"怎么样"?

1. 最近仕事はどうですか。

2. 明日天気はどうですか。

3. 体調はどうですか。

4. 味はどうですか。

5. 映画でもどうですか。

✏️ 理解のヒント

ジェスチャーや状況によって"怎么样?"のみでもOK。また例文5のように一呼吸おいて最後に付け加えるのもいいですね。答えは詳細でなくともOK。"很忙（忙しいです）""下雨 xià yǔ（雨が降ります）""很好（いいです）""很好吃（おいしいです）""好啊 hǎo a（いいですよ）"という具合に軽快に言えればいいですね。裏技として「そんなによくない」を"不怎么样 bù zěnmeyàng"と言って返す方法もありますが、できれば浮かない顔はしたくないものです。なお"怎么样"の後には何も続けないこと。「どのように」という解釈でごくまれに動詞を従えるケースもないわけではないですが、その場合は通常"怎么 zěnme"を使います。"怎么样?"はあくまでも「独立」して「最後」に使うもの、と覚えましょう。

 クイズの答え　广东话 Guǎngdōnghuà（広東語）

#25
納得・承諾・解決

何でもかんでも同じ一つの「分かりました」では能がないというもの。いろいろとりまぜて使うだけで表情が豊かになります。「承知しました」「了解です」と「理解しました」「納得しました」とでは同じ「分かりました」でも色合いが異なります。理解する内容によってしっかり使い分けましょう。

□1. 知道了。
　　 Zhīdao le.

□2. 明白了。
　　 Míngbai le.

□3. 我懂了。
　　 Wǒ dǒng le.

□4. 清楚了。
　　 Qīngchu le.

□5. 听懂了。
　　 Tīngdǒng le.

📖 単語

知道 zhīdao　知っている

明白 míngbai　分かる、理解する

懂 dǒng　分かる、理解する

清楚 qīngchu　はっきりしている

听懂 tīngdǒng　聞いて分かる

❓ クイズでひと息　中国最北端の隣国は？

「分かりました」

1. 了解です。

2. 理解しました。

3. 理解しました。

4. はっきり分かりました。

5. 聞き取れました。

✏️ 理解のヒント

まずここにある例文からすべて "了" を取ることもできます。基本的な意味は変わりませんが、あえて違いを意識して訳すなら、「分かっています」という感じです。文末の "了" についてはパターン10に記した「状況の変化」を思い出してください。つまりこの例文は「それまでは知らなかったが、今分かるようになった」ということです。日本語の「分かりました」はある意味万能です。「明日来てください」に対しても、「この問題はこうすれば解けます。分かりましたか」に対しても「分かりました」で返事ができますが、中国語では使い分けをするのが自然です。全部 "明白了" と言っても特に大きな支障はありませんが、やはり表現のストックは多めに持っておいた方がよいでしょう。

Ⓐ クイズの答え　俄罗斯 Éluósī（ロシア）

#26

不明・不可解・不確実

「分かりません」には大きく分けて2種類あります。「知らない」と「理解できない」です。さらに「理解できない」には「理解したくない」というような意図的なケースもあります。あるいは「納得できない」を「分かりません」と表現することもよくあります。意外に奥の深い表現です。

□ 1. 看不明白。
Kànbumíngbai.

□ 2. 実在弄不明白。
Shízài nòngbumíngbai.

□ 3. 不清楚。
Bù qīngchu.

□ 4. 没听懂。
Méi tīngdǒng.

□ 5. 听不懂。
Tīngbudǒng.

📖 単語

看不明白 kànbumíngbai　見て理解することができない

実在 shízài　本当に、まったく

弄不明白 nòngbumíngbai　うまく理解できない

听不懂 tīngbudǒng　聞いて理解することができない

❓ クイズでひと息　漢方薬を中国語で言うと？

「分かりません」

1. 見ても分かりません。

2. 本当に理解できません。

3. はっきりしません。

4. 聞き取れませんでした。

5. 聞き取れません。

✏️ 理解のヒント

会話においては日本語でも「分かりません」「分からなかった」のどちらを答えても大差のないケースがあるように、厳密な使い分けがいつも求められるわけではありませんが、"听不懂"については学習者の誤用が目立ちます。"听不懂"は可能補語といって「できない」ことの表現で、何かを聞いたということを前提としていませんから、「今のは聞き取れなかった」と言いたい場合には"没听懂"を使うべきです。また"不明白"は普通単純な「分かりません」ですが、場合によっては「納得できません」「間違っていると思う」の意味で「分からない」と表現しているケースも多々あります。単に「知らない」という意味なら"不知道 bù zhīdào"もOKです。

Ⓐ クイズの答え　中药 zhōngyào

27

スケジュールの確認①

「いつ」「何をする」の順で並べるだけです。自分の予定を伝えるときも、ゲストに予定を伝えるときも、これさえ知っていればOK。時刻は「時」が"点"、「分」は"分"、「半」は"半 bàn"、「午前」は"上午 shàngwǔ"、「午後」は"下午"。ほかの言い方は後回しでいいから、先に基本中の基本をマスターしましょう。2時だけ気を付けて！ "两点"です。

□1. 下午两点开始。
　　　　Xiàwǔ liǎng diǎn kāishǐ.

□2. 十点开会。
　　　　Shí diǎn kāihuì.

□3. 十点五十分上汉语课。
　　　　Shí diǎn wǔshí fēn shàng Hànyǔ kè.

□4. 晚上七点集合。
　　　　Wǎnshang qī diǎn jíhé.

□5. 五点起床。
　　　　Wǔ diǎn qǐchuáng.

📖 単語

下午 xiàwǔ　午後

～点 diǎn　～時

开始 kāishǐ　始める、始まる

～分 fēn　～分

上课 shàngkè　授業をする、授業を受ける

汉语 Hànyǔ　中国語

集合 jíhé　集合する、待ち合わせる

起床 qǐchuáng　起きる

 クイズでひと息　中国で最も長い川は？

「〇〇時に〜します」
時間詞（時点）＋動詞

1. 午後2時に始めます。

2. 会議は10時です。

3. 中国語の授業は10時50分です。

4. 待ち合わせは夜7時です。

5. 5時に起きます。

✏️ 理解のヒント

英語学習の名残、もしくはクセ、それとも思い込みでしょうか、時刻などの「時点」を表す言葉を動詞の後にもっていきたがる学習者が多いようです。「時点」は動詞よりも先に言うことに慣れてください。主語とどちらを先にするかは言いたい順で結構ですが、迷うなら主語を先にする方が一般的と覚えましょう。でも動詞よりも先に来ていれば、とりあえずセーフです。ここではすべて時刻で作例しましたが、"今天 jīntiān（今日）""明天 míngtiān（明日）""后天 hòutiān（明後日）""今年 jīnnián（今年）""明年 míngnián（来年）""后年 hòunián（再来年）""第一天 dì-yī tiān（初日）""第二天 dì-èr tiān（翌日）"などでも言えるよう、再度単語を見直しておきましょう。まずは今日の予定からチャレンジ！

🅰 クイズの答え　长江 Chángjiāng（長江、揚子江）

#28

スケジュールの確認②

予定しているスケジュール項目が名詞の場合は"有"を使えば解決です。ここに挙げた以外に"练习 liànxí（練習）""活动 huódòng（活動）""加班 jiābān（残業）""补课 bǔkè（補講）""排练 páiliàn（リハーサル）"なども役に立つと思います。これらはもともと動詞ですが、名詞として用いることもできるからです。予定が「ない」場合はもちろん"没有"。

☐ 1. 今天有事。
Jīntiān yǒu shì.

☐ 2. 下午有安排。
Xiàwǔ yǒu ānpái.

☐ 3. 星期四有汉语课。
Xīngqīsì yǒu Hànyǔ kè.

☐ 4. 下星期一有聚会。
Xià xīngqīyī yǒu jùhuì.

☐ 5. 明天有空。
Míngtiān yǒu kòng.

 単語

有事 yǒu shì　用がある
安排 ānpái　予定、手配する
星期四 xīngqīsì　木曜日
下星期一 xià xīngqīyī　来週月曜日
聚会 jùhuì　集まり、会合
有空 yǒu kòng　時間が空いている

❓ クイズでひと息　中国で最も大きい淡水湖は？

「(いつ) 〜の予定があります」

時間詞 (時点) + "有" 〜

1. 今日は用があります。

---

2. 午後は予定があります。

---

3. 木曜日には中国語の授業があります。

---

4. 次の日曜日には飲み会があります。

---

5. 明日は時間があります。

✎ 理解のヒント

ここでは時刻以外の時点で作例していますが、もちろん時刻でも構いません。パターン27と同じルールです。"我" "他们 tāmen" "部分职员 bùfen zhíyuán (一部の職員)" など主語を加えることも可能です。予定がキャンセルになったときは、例文1〜4の場合 "有" を "的" に換えて最後に "取消了 qǔxiāo le" を付け加えれば出来上がり。「〜は取り消されました」となります。例文5は "明天有时间 míngtiān yǒu shíjiān" でもOK。"空" は多音字で、「空き」のときはkòng、「そら」のときはkōngとなるのでご注意を。副詞を用いて "还有" と続ければ、「ほかにも〜があります」という具合に複数の予定を言うことができます。最後に "比较忙 bǐjiào máng (わりと忙しい)" などを添えれば、さらに充実した表現になります。

 クイズの答え　鄱阳湖 Póyánghú (鄱陽湖)

29

予定・意向

「～したい」は願望で、具体的な行動はほぼ始まっていないのが相場ですが、「～しようと思っている」というと少し動き始めている感があります。大人の発言では、実は後者が結構多く、そんなときに便利な表現です。"准备"は動詞ですが、ここでは助動詞的に使用する形を練習します。

□1. 我准备查资料。

Wǒ zhǔnbèi chá zīliào.

□2. 我准备买新电脑。

Wǒ zhǔnbèi mǎi xīn diànnǎo.

□3. 我准备明天请假。

Wǒ zhǔnbèi míngtiān qǐngjià.

□4. 我准备问一个问题。

Wǒ zhǔnbèi wèn yí ge wèntí.

□5. 我准备下午去。

Wǒ zhǔnbèi xiàwǔ qù.

🔖 単語

准备 zhǔnbèi　～しようと思っている

查 chá　調べる

资料 zīliào　資料

新 xīn　新しい

电脑 diànnǎo　パソコン

请假 qǐngjià　休みをとる

问问题 wèn wèntí　質問する

一个 yí ge　一つ

❓ クイズでひと息　中国の年越しで厄よけのため派手に鳴らすのは？

「〜しようと思っている」

"准备" +動詞

1. 資料を調べるつもりです。

2. 新しいパソコンを買うつもりです。

3. 明日休みをとるつもりです。

4. 一つ質問しようと思っています。

5. 私は午後行こうと思っています。

✏️ 理解のヒント

"准备" は「準備する」ですが、そこからの応用として「〜を予定している」「〜しようと思っている」として使うことが圧倒的に多いです。類義語に "打算 dǎsuan" もあります。こちらも「〜するつもり」という意味を表しますが、"打算" より "准备" の方が予定として固まっている感や実現可能性がより強くなります。逆に "准备" より "打算" の方が気楽でカジュアルな感じにもなります。ただどちらにしても「つもり」であり「予定」であるので、あくまでも未定。よほどのことがない限り、実行が決まっているのなら、あまり予防線を張り過ぎなくてもいいでしょう。ビジネスやプライベートなどシーンによって、また内容の重さなども考えて選びましょう。

 クイズの答え　鞭炮 biānpào（爆竹）

#30

技能・スキル

"会"は「やり方が分かる／分からない」といったスキルの基本レベルを表すときに使う助動詞です。一般的な「できる」であれば十分使えます。たいていのことは"会"を使って表せますが、「ものすごくプロ並みにできる」には向きません。単純に「できる／できない」だけでなく、副詞も用いた程度の表し方も覚えましょう。

□1. 你会说英语吗？
Nǐ huì shuō Yīngyǔ ma?

□2. 会一点儿。
Huì yìdiǎnr.

□3. 一点儿都不会。
Yìdiǎnr dōu bú huì.

□4. 不太会。
Bú tài huì.

□5. 不怎么会。
Bù zěnme huì.

📖 単語

会 huì 〜することができる
说 shuō 話す、言う
英语 Yīngyǔ 英語
吗 ma 〜か？（疑問の助詞）
一点儿 yìdiǎnr 少し

❓ クイズでひと息　ドローンを中国語言うと？

「できる」
"会"＋動詞～

1. 英語は話せますか。

2. 少しできます。

3. 少しもできません。

4. あまりできません。

5. それほどできません。

✏️ 理解のヒント

"会"は「できる」を表す助動詞です。だいたいのことはこれで表せます。通常は「普通にできる」を言うのであって、決して「プロ並みに」「どんなことでも」というレベルである必要はありません。ただ誰でもできることにあえて"会"を冠する場合には「ものすごくできる」「上手にできる」というニュアンスが加わります。例えば"会说话 huì shuōhuà"はただ「話ができる」ではなく「とても話がうまい」「大変弁が立つ」、"会做饭 huì zuò fàn"はただ「ご飯が作れる」ではなく「料理が上手」「料理の手際がよい」、"会买东西 huì mǎi dōngxi"はただ「買い物ができる」ではなく「買い物上手」という意味です。こうした意図をより鮮明にするために"很会""非常会 fēicháng huì"など副詞を冠することもできます。

Ⓐ クイズの答え　无人机 wúrénjī

#31

都合・可能性

「条件が整っている」「都合がよい」などの可能性を表すときに使うパターンです。"能"の代わりに"可以"を用いることもできます。否定の"不能"は「できない」の延長線上で「～してはダメ」という禁止としてもよく使われます。実用性を考慮した結果、能力を表す"能"の用法は本書では割愛しています。

□1. 明天能去。
　　Míngtiān néng qù.

□2. 那个房间能用。
　　Nàge fángjiān néng yòng.

□3. 这儿能用美元。
　　Zhèr néng yòng měiyuán.

□4. 这儿能用信用卡。
　　Zhèr néng yòng xìnyòngkǎ.

□5. 随时都能来。
　　Suíshí dōu néng lái.

📖 単語

能 néng　～することができる ｜ 来 lái　来る
那个 nàge　あの、その
房间 fángjiān　部屋
用 yòng　使う、用いる
这儿 zhèr　ここ
美元 měiyuán　米ドル
信用卡 xìnyòngkǎ　クレジットカード
随时 suíshí　いつでも、随時

❓ クイズでひと息　中国で最もめでたい色は？

「できる」
"能"+動詞～

1. 明日は行けます。

2. あの部屋は使えます。

3. ここは米ドルOKです。

4. ここはクレジットカードOKです。

5. いつでも来られます。

✏️ **理解のヒント**

"能"も「できる」を表す助動詞ですが、能力の「できる」よりも、都合や条件などによって「可能である」「許されている」ことを表すケースが圧倒的です。そしてその場合は"可以 kěyǐ"を用いることもできます。"我(也)能～吗？"で「～してもいいですか」になります。"我能坐这儿吗？Wǒ néng zuò zhèr ma?（ここ座ってもいいですか）""我也能参加吗？Wǒ yě néng cānjiā ma?（私も出席していいですか）"なども言えると便利です。"能"で能力の「できる」を表すのは、単に「できる／できない」を言うのではなく、具体的な記録とともに言ったり、天分といったものすごい能力を言ったりするケースです。例えば"能游一公里 néng yóu yì gōnglǐ（1km泳げる）""能喝酒 néng hē jiǔ（酒がかなり飲める）"など。

 クイズの答え 红色 hóngsè（赤）

#32

強めの感想①

何かをとても強く感じたときって思わず何か言いたくなりますが、そんなときには程度の強さを表す言葉が欠かせません。程度の表現はいろいろありますが、簡単でまとまりのよいこの言葉はおススメです。思わず口から出る「叫び」なので、しっかりと言い切る意味もあって最後に"了"も欠かすことはできません。

☐ 1. 太气人了。
Tài qìrén le.

☐ 2. 太高兴了。
Tài gāoxìng le.

☐ 3. 太有意思了。
Tài yǒu yìsi le.

☐ 4. 实在太好了。
Shízài tài hǎo le.

☐ 5. 简直太棒了。
Jiǎnzhí tài bàng le.

📖 単語

太~了 tài~le　ものすごく
气人 qìrén　腹が立つ
高兴 gāoxìng　うれしい、機嫌がいい
有意思 yǒu yìsi　面白い
简直 jiǎnzhí　まったく
棒 bàng　素晴らしい

❓ クイズでひと息　唐代の大詩人で「詩聖」と呼ばれたのは誰？

「すごく〜です」
"太"+形容詞+"了"。

1. すごく腹が立ちました。

2. ものすごくうれしいです。

3. すごく面白いです。

4. すごくいいです。

5. すごくいいです。

✏️ 理解のヒント

まず会話では基本的に最後の"了"をお忘れなく。感情が高ぶったときに使う言葉なので"了"もそれを表す重要な要素の一つです。そして、この感情の高ぶりには「驚き」も含まれます。つまり「予想外に」「思っていたより」というニュアンスが含まれ、場面・相手によっては失礼になることがあるかも。例えば、初めて入った店で"这家店的饺子太好吃了 Zhè jiā diàn de jiǎozi tài hǎochī le（この店の餃子はすごくおいしいです）"と言うのは全く問題ありませんが、友人宅でごちそうになって"你妈做的饺子太好吃了 Nǐ mā zuò de jiǎozi tài hǎochī le（あなたのお母さんが作った餃子はすごくおいしいです）"と言う場合、中には「もともとは期待もしていなかったんだ…」と勘繰る敏感な人もいるかも。

 クイズの答え　杜甫 Dù Fǔ

#33

強めの感想②

中国語では疑問形を効果的に用いてより生き生きとした表現とすることを好みます。決して相手に答えを求めているのではなく、より感動的にデフォルメする表現テクニックです。このパターンも"怎么"という疑問形を用いて実際には驚きの気持ちを表しています。覚えやすいリズムでもあります。

□1. 怎么这么脏!?
Zěnme zhème zāng!?

□2. 怎么这么难吃!?
Zěnme zhème nánchī!?

□3. 怎么这么快!?
Zěnme zhème kuài!?

□4. 你怎么这么懒!?
Nǐ zěnme zhème lǎn!?

□5. 汉语怎么这么难!?
Hànyǔ zěnme zhème nán!?

📖 単語

怎么 zěnme　どうして、なぜ
这么 zhème　このように、こんなに
脏 zāng　汚い
难吃 nánchī　まずい
快 kuài　速い
懒 lǎn　怠けている
难 nán　難しい

❓ **クイズでひと息**　中国の古代思想家で儒教の祖は誰?

「どうしてこんなに～」
"怎么这么" +形容詞

1. どうしてこんなに汚いのですか。

2. どうしてこんなにまずいのですか。

3. どうしてこんなにはやいのですか。

4. あなたはなぜこんなに怠け者なのですか。

5. 中国語はなぜこんなに難しいのですか。

✏️ 理解のヒント

"怎么" と "这么" は親戚同士、ついでに "那么 nàme（あんなに、そんなに）" も仲間です。「どうしてあんなに」「どうしてそんなに」とするなら "怎么那么" でOK。"这么" "那么" "怎么" をそれぞれ単独で用いて形容詞を従えれば「こんなに～」「あんなに～」「どんなに～」となるし、動詞を従えれば「このように／こんなふうに～」「あのように／あんなふうに～」「どのように／どんなふうに～」という具合に使えます。もう一つ日常会話でよく使われる言葉を紹介しましょう。"怎么这样!? Zěnme zhèyàng!?（どうしてこうなるの！?）" です。これは少々お怒り気味であきれてしまったときに使える表現です。以上、"怎么" には「どうして」と「どのように」の二つの意味があることも覚えておきましょう。

 クイズの答え　孔子 Kǒngzǐ

#34

未経験

経験を表すこの表現についてはあえて否定文のみでパターンを立てました。実際の会話では「〜したことがある」よりもはるかに「まだ〜したことがない」と言うことの方が頻度が高いことに鑑みました。「〜したことがある」としたいなら、"还没"を取ってしまえばOK。"还没"は"还没有 hái méiyou"でも構いません。

□1. 我还没去过大连。
Wǒ hái méi qùguo Dàlián.

□2. 我还没吃过烤鸭。
Wǒ hái méi chīguo kǎoyā.

□3. 我还没看过中国电影。
Wǒ hái méi kànguo Zhōngguó diànyǐng.

□4. 我还没做过。
Wǒ hái méi zuòguo.

□5. 我还没考虑过。
Wǒ hái méi kǎolǜguo.

📖 単語

过 guo　〜したことがある

大连 Dàlián　大連

烤鸭 kǎoyā　北京ダック

中国 Zhōngguó　中国

考虑 kǎolǜ　考える

❓ クイズでひと息　性善説を唱えた中国の古代思想家は？

「まだ～したことがない」
"还没"+動詞+"过"～

1. まだ大連へ行ったことがありません。

2. まだ北京ダックを食べたことがありません。

3. まだ中国映画を見たことがありません。

4. まだやったことがありません。

5. まだ考えたことがありません。

✏️ 理解のヒント

助詞 "过" は経験「～したことがある」を表します。ここではあえて否定文のみにしました。疑問文は最後に "吗 ma" を添えればOK。こちらは話題に詰まったときなどに便利です。"还" は必須ではありませんが、「まだ」が付いている方がしっくりくることが多いでしょう。文法的には "过" がなくても文は成立しますが、そうすると「まだ～していません」となるので、「未経験」「今後やってみたい」の意図は薄れます。ここでは取り上げませんでしたが、肯定文の場合、慣れてきたら回数も一緒に言ってみましょう。「～回」は通常 "～次 cì"、位置は動詞の後かつ目的語の前です。例："我去过两次上海 Wǒ qùguo liǎng cì Shànghǎi（私は上海へ2回行ったことがあります）"。

 クイズの答え　孟子 Mèngzǐ

#35

動作・行為を人に施す

誰かに何かしてあげることもさることながら、自分に何かしてもらいたいことも結構ありますよね。中国語ではどちらの方向でも"给"一つで全部いけちゃいます。つまり"给你～"なら「あなたに～してあげる」、"给我～"なら「私に～してくれる」です。話し相手に向かって言うとき、丁寧さを加えたかったら冒頭に"请"をどうぞ。

□1. 一会儿给我发个邮件。

　　　Yíhuìr gěi wǒ fā ge yóujiàn.

□2. 明天我给你打电话。

　　　Míngtiān wǒ gěi nǐ dǎ diànhuà.

□3. 我给你写信。

　　　Wǒ gěi nǐ xiě xìn.

□4. 我给你看。

　　　Wǒ gěi nǐ kàn.

□5. 我给你买。

　　　Wǒ gěi nǐ mǎi.

📖 単語

一会儿 yíhuìr　しばらく、少しの間

给 gěi　○○に（～する）

发 fā　発する、発信する

个 ge　一つ、ちょっと

邮件 yóujiàn　メール、郵便物

打电话 dǎ diànhuà　電話をかける

写 xiě　書く

信 xìn　手紙

❓ クイズでひと息　性悪説を唱えた中国の古代思想家は？

096

「〇〇に〜してあげる」
"给"＋人＋動詞〜

1. あとでメールをください。

2. 明日あなたに電話します。

3. あなたに手紙を書きます。

4. あなたに見せてあげます。

5. あなたに買ってあげます。

✏️ 理解のヒント

"给" は単独で動詞として用いれば「あげる」という物のやりとりを表しますが、介詞（前置詞のようなもの）として別の動詞の前に「〇〇に」として置くことで「してあげる」という動作・行為のやりとりを表すことができます。"给" の従える「人」が動作・行為の「受益者」というわけです。この原則があるので、言語としては珍しく通常は「あげる」「もらう」「くれる」など複雑な「授受動詞」が一つで解決されているという合理性を持っています。否定文にするときには "给" の前に "不" を置きましょう。「〜してあげる」「〜してくれる」「〜してもらう」「〜してやる」…、混乱したときは「誰のためなのか」「誰にするのか」を考えて、その人に "给" を冠すればOK。

 A クイズの答え　荀子 Xúnzǐ

36

動作・行為を人とともに行う

誰かと何かすることにも、自分と一緒に何かしてもらいたいことにも使えます。基本的には「○○と〜する」と覚えればOKですが、「○○に会う」「○○に相談する」など「○○に」の場合でも使うことができます。なお"一起"だけで「一緒に〜する」として用いることもできます。

□1. 我跟您一起去。
Wǒ gēn nín yìqǐ qù.

□2. 我跟你一起学。
Wǒ gēn nǐ yìqǐ xué.

□3. 请跟我来。
Qǐng gēn wǒ lái.

□4. 我想跟她见面。
Wǒ xiǎng gēn tā jiànmiàn.

□5. 我跟上司商量。
Wǒ gēn shàngsī shāngliang.

📖 単語

跟 gēn　○○と（〜する）

学 xué　勉強する

商量 shāngliang　相談する

❓ クイズでひと息　チャイナタウンを中国語で言うと？

「○○と〜する」
"跟"+人（+"一起"）+動詞〜

1. あなたと一緒に行きます。

2. あなたと一緒に勉強します。

3. 私についてきてください。

4. 彼女と会いたいです。

5. 上司と相談します。

✎ 理解のヒント

介詞として言葉を従えフレーズをつくり、動詞の前に置いて「○○と」の意味を表します。本来は動詞「ついて行く」の意味なので「○○について〜する」という主従ニュアンスがありましたが、今は主従のこだわりは特にないものの、"跟着 gēnzhe"とすればその雰囲気が出ます。"着"は動詞に添えると「〜した状態をキープする」という持続を表す助詞で、"着"が付けられるのも動詞ならではです。否定文にするときには"跟"の前に"不"を置きます。"跟"と置き換えられる同じ用法のものにはほかに"和 hé""与 yǔ"もあります。この二つは動詞由来ではないので"着"を付ける用法はありません。

Ⓐ クイズの答え　唐人街 tángrénjiē

37

動作・行為の場所

広域を表す国名や地名から、部屋や部屋の一角あるいは机の上やパソコンの画面上など
非常に狭い範囲でも、「○○で〜する」というケースならばすべてこれでOK。よく行く場
所や目にするポイントなど自分に関連する言葉をストックしておくのがよいでしょう。否
定文にするときは"不在"とすればOK。

□1. 我们在那儿聊吧。
    Wǒmen zài nàr liáo ba.

□2. 我父亲在报社工作。
    Wǒ fùqin zài bàoshè gōngzuò.

□3. 我们在二楼餐厅吃饭。
    Wǒmen zài èr lóu cāntīng chī fàn.

□4. 下次在东京见。
    Xià cì zài Dōngjīng jiàn.

□5. 请在二楼办手续。
    Qǐng zài èr lóu bàn shǒuxù.

📖 単語

在 zài ○○で（〜する）	**东京** Dōngjīng 東京
聊 liáo おしゃべりする	**办** bàn （手続きなどを）する
父亲 fùqin 父親	**手续** shǒuxù 手続き
报社 bàoshè 新聞社	
工作 gōngzuò 働く	
〜楼 lóu 〜階	
餐厅 cāntīng レストラン	
下次 xià cì 次回	

❓ クイズでひと息 1911年、中華民国成立のきっかけとなった革命は？

「〇〇で〜する」
"在"+場所+動詞〜

1. あそこで話しましょう。

2. 父は新聞社で働いています。

3. 2階のレストランで食事しましょう。

4. 次は東京で会いましょう。

5. 2階で手続きしてください。

✏️ 理解のヒント

介詞として言葉を従えフレーズをつくり、動詞の前に置いて「〇〇で」の意味を表します。厳密にいうと、この介詞は「範囲」を表すので、そこには時間的範囲も含まれるのですが、なんと言っても空間的範囲である「場所」を表す場合が圧倒的です。注意したいのは、場所を表す介詞の "在" は必ず「〇〇で」であり、「〇〇に」には使えないということです。後者は介詞でなく "動詞＋在〇〇" の形を用います。例えば「ここで書いてください」は "在这儿写 zài zhèr xiě" ですが、「ここに書いてください」は "写在这儿 xiězài zhèr" という具合です。ただし "在日本住 zài Rìběn zhù（日本で暮らす）" と "住在日本 zhùzài Rìběn（日本に住む）" の例だけは結果としてどちらも同じ意図となります。

 クイズの答え　辛亥革命 Xīnhài Gémìng

101

38

すべて

「もれなく全部」「例外なく」と言うことって結構ありますよね。物、人、時、場所などさまざまなケースに関連する疑問詞で対応することができます。慣れてきたら"多少钱都 duōshǎo qián dōu（いくらでも）""几个都 jǐ ge dōu（いくつでも）""怎么～都 zěnme~dōu（どう～であっても）"など、ほかの疑問詞でも応用してみましょう。

□1. 他什么都知道。
Tā shénme dōu zhīdao.

□2. 哪儿都不去。
Nǎr dōu bú qù.

□3. 什么时候都方便。
Shénme shíhou dōu fāngbiàn.

□4. 这件事谁都知道。
Zhè jiàn shì shéi dōu zhīdao.

□5. 哪个都行。
Nǎge dōu xíng.

📖 単語

什么时候 shénme shíhou　いつ

方便 fāngbiàn　便利である、都合がいい

件 jiàn　～個（事柄を数える）

事 shì　事、事柄

谁 shéi　誰

哪个 nǎge　どれ、どの

行 xíng　よろしい、OKである

❓ クイズでひと息　中華人民共和国初代国務院総理は誰？

「何でも／どこでも／いつでも」など
各種疑問詞＋"都"

1. 彼は何でも知っています。

2. どこへも行きません。

3. いつでもいいです。

4. このことは誰でも知っています。

5. どれでもいいです。

✏️ 理解のヒント

疑問詞＋"都"で「例外なくすべて」という意味になります。このときの疑問詞はもはや疑問の意味ではなく「何でも」「どこでも」「いつでも」「誰でも」「どれでも」といった「すべて」を指す言葉として使われています。後が否定の形になるときには"都"の代わりに"也 yě"を用いることもありますが、"都"が圧倒的に多いです。また、これを受ける言葉も比較的決まっています。例文にある"知道""行"のほかに、"好（良い）""可以（大丈夫）""能接受 néng jiēshòu（受け入れられる）""能理解 néng lǐjiě（理解できる）""一样 yíyàng（同じ）"なども一緒に使いやすい言葉です。言葉の学習の究極は"什么都学 shénme dōu xué（何でも学ぶ）"です。引き続き頑張ってくださいね。

Ⓐ クイズの答え　周恩来 Zhōu Ēnlái

#39

同一・類似

比較表現は一般的には「〜は〇〇より…」から学びますが、日常会話では差のあるものを
比べることより、「〜と同じ」というふうに相づちを打ったり同調したりすることの方が多
いので、本書では実用性重視のポリシーからあえてその表現のみを取り上げました。まず
は"一様（同じ）""差不多（ほぼ同じ）"を覚えて準備！

□1. 这跟日本一样。

Zhè gēn Rìběn yíyàng.

□2. 跟我家一样。

Gēn wǒ jiā yíyàng.

□3. 条件跟上次一样。

Tiáojiàn gēn shàng cì yíyàng.

□4. 质量跟其它商品一样。

Zhìliàng gēn qítā shāngpǐn yíyàng.

□5. 跟这个差不多。

Gēn zhège chàbuduō.

📖 単語

日本 Rìběn　日本
一样 yíyàng　同じである
家 jiā　家
条件 tiáojiàn　条件
上次 shàng cì　前回
其它 qítā　そのほか
商品 shāngpǐn　商品
差不多 chàbuduō　ほぼ同じである

❓ クイズでひと息　PCR検査を中国語で言うと？

「〜と（ほぼ）同じ」

"跟"〜"一样／差不多"。

1. これは日本と同じです。

2. うちと同じです。

3. 条件は前回と同じです。

4. 質はほかの商品と同じです。

5. これとほぼ同じです。

✏️ 理解のヒント

比較での会話の返しとしては「〜と同じですね」が断トツの高頻度なので代表として取り上げました。「〜とは違います」なら "不一样 bù yíyàng" とすればOK。"一样" "差不多" は単独でも使えます。"跟" はパターン36でも触れたように "和" "与" に換えることもできます。"一样" の後に形容詞を用いれば「〜と同じくらい…です」と一歩進んだ表現も可能です。ちなみに本書では取り上げていませんが、比較表現「〜は〇〇より…」は "〜比 bǐ〇〇…"、「〜は〇〇ほど…ではない」は "〜没有 méiyǒu〇〇…"、「〜は〇〇より…というわけではない」は "〜不比 bù bǐ〇〇…" をそれぞれ用います。会話では話題が分かっている前提で話すことも多いので、主語は省略することも可能です。

 クイズの答え　核酸検測 hésuān jiǎncè

#40

催促

"快"は形容詞ですが、副詞的に「はやく〜」というときにもよく使います。文法的に特段取り上げる教科書がないからか、よく使う表現であるにもかかわらず語順の間違えが目立つようなのであえてパターンとして立てました。副詞的に動詞を修飾するので、動詞の前に配置します。ほとんどは指示・命令や懇願として用います。

□ 1. 快说。
Kuài shuō.

□ 2. 快来。
Kuài lái.

□ 3. 快决定。
Kuài juédìng.

□ 4. 快想办法。
Kuài xiǎng bànfǎ.

□ 5. 快进来。
Kuài jìnlai.

 単語

快 kuài　はやく

决定 juédìng　決める

想 xiǎng　考える

办法 bànfǎ　方法

进来 jìnlai　入ってくる

❓ クイズでひと息　武術以外の近代種目で中国の「国技」は？

「はやく～してください」
"快"+動詞～

1. はやく言ってください。

2. はやく来てください。

3. はやく決めてください。

4. はやく考えてください。

5. はやく入ってきてください。

✏️ 理解のヒント

"快"＋動詞が「はやく～しなさい」なら「ゆっくり～しなさい」は"慢"＋動詞と思いきや×。文法構造としてはその通りですが、実際には"慢"ではなく"慢点儿 màndiǎnr""慢慢儿 mànmānr"とします。なお"快"を"快点儿 kuàidiǎnr""快快 kuàikuai"にするのは構いません。速度ではなく時間の「早め」「前もって」を言うなら"早点儿 zǎodiǎnr""提前 tíqián"も用います。例えば「早めに帰ってきて」「早めに教えて」なら"早点儿回来 zǎodiǎnr huílai""提前告诉我 tíqián gàosù wǒ"。「さっさと帰ってきなさい」「はやく教えて！」のように急かす意図なら"快点儿回来 kuàidiǎnr huílai""快点儿告诉我 kuàidiǎnr gàosù wǒ"と言います。会話では「はやくー！」を"快点儿!""快, 快, 快!"とも言います。

 クイズの答え　乒乓球 pīngpāngqiú（卓球）

数の数え方

　ここで数字についてまとめておきます。日本語と違う部分には特に気を付けましょう。

●0〜10

〇	一	二	三	四	五	六	七	八	九	十
líng	yī	èr	sān	sì	wǔ	liù	qī	bā	jiǔ	shí

●2桁

※ 日本語と同じ漢字の順番。

11 / 十一	12 / 十二	20 / 二十	30 / 三十	45 / 四十五	99/ 九十九
shíyī	shíèr	èrshí	sānshí	sìshiwǔ	jiǔshíjiǔ

●位の言い方

※ "百" "千" は位であり、単独では100、1000を表さない。

百	千	万	十万	百万	千万	亿	兆
bǎi	qiān	wàn	shí wàn	bǎi wàn	qiān wàn	yì	zhào

●3桁以上

100 / 一百	200 / 二百	111 / 一百一十	1111 / 一千一百一十
yì bǎi	èr bǎi	yì bǎi yī shi yī	yì qiān yì bǎi yī shi yī

※位が跳んでいる数字は、跳んでいる部分に "零" をさしはさむ。

101 / 一百零一	202 / 二百零二	3003 / 三千零三	4040 / 四千零四十
yì bǎi líng yī	èr bǎi líng èr	sān qiān líng sān	sì qiān líng sì shí

50500 / 五万零五百	60606 / 六万零六百零六	7007007 / 七百万零七千零七
wǔ wàn líng wǔ bǎi	liù wàn líng liù bǎi líng liù	qī bǎi wàn líng qī qiān líng qī

※最後の位の省略が可能な場合。

110 / 一百一(十)　　　　1100 / 一千一(百)　　　　11000 / 一万一(千)
yì bǎi yī(shí)　　　　　　yì qiān yī(bǎi)　　　　　yí wàn yī(qiān)

11010 / 一万一千零一十 (省略不可)　　　　110110 / 十一万零一百一(十)
yí wàn yì qiān líng yī shí　　　　　　shíyī wàn líng yì bǎi yī(shí)

● "两"

※ 2が分量を表すときは "两" を使う。

2個 / 两个　　　　　　2kg / 两公斤　　　　　　2m / 两米
liǎng ge　　　　　　　liǎng gōngjīn　　　　　liǎng mǐ

● 西暦、電話番号、部屋番号

※ 各数字に位を付けずそのまま羅列。

1989年　　　　　　　　2000年　　　　　　　　2011年
yī jiǔ bā jiǔ nián　　èr líng líng líng nián　　èr líng yī yī nián

※下記の場合、大陸では1を "yāo" と言う。台湾では "yī" のまま。

03-1234-5678　　　　　　101号房间　　　　　　1206号
líng sān yāo èr sān sì wǔ liù qī bā　　yāo líng yāo hào fángjiān　　yāo èr líng liù hào

#41

近く実現すること

パターン40の文末に"了"を添えるとパターン11同様「〜になる」の意が加わり、「まもなく〜です(〜になります)」という意味になります。多くは主語を必要としませんが、必要な場合、主語は"快"の前に置きます。"快"の後には述語が必要ですが、数字関連の名詞に限りそれ自体を述語とみなすことができます。

□1. 快吃饭了。
Kuài chī fàn le.

□2. 快七点了。
Kuài qī diǎn le.

□3. 快放暑假了。
Kuài fàng shǔjià le.

□4. 我快六十了。
Wǒ kuài liùshí le.

□5. 快考试了。
Kuài kǎoshì le.

📖 単語

快〜了 kuài〜le　まもなく〜だ
放暑假 fàng shǔjià　夏休みになる
六十 (岁) liùshí (suì)　60歳
考试 kǎoshì　テストをする、テスト

❓ **クイズでひと息**　上海と最初に姉妹都市になった日本の都市は?

「まもなく〜です」

"快〜了"。

1. もうすぐごはんです。

2. まもなく7時です。

3. もうすぐ夏休みです。

4. まもなく60歳です。

5. もうすぐテストです。

✎ 理解のヒント

この意味の"快"と"了"はセットで「もうすぐ〜になります」と覚えましょう。文末の"了"が「〜になる」というルールにもかなっています。同じ意味の表現にはほかに"要 yào""就要 jiù yào""快要 kuàiyào"があり、やはりいずれも文末に"了"が必須です。なお"要"と"就要"は通常その前に主語が必要で、"快要"はすぐ後ろに数字関連の名詞を配置することはしません。"快""快要"には、主語はなくても成立しますが、主語があるときには前に置きます。ただ叙述するというよりは、会話の相手や指示する対象に呼びかけたり気持ちを分かち合ったりするようなときに用います。呼びかけに応えるときには"知道了（分かりました）"、同調する際には"是啊 shì a（そうですね）"などと返せばOK。

Ⓐ クイズの答え　横浜 Héngbīn（横浜）

#42

ちょっとした不満の感想

「ちょっと〜」と感想を述べるとき、大概は不満があってのことでしょう。そんなネガティブな気持ちも含めるときにはこの形です。本来"有＋一点儿"という構造から来ているのですが、一語として覚えてしまいましょう。感想を表す形容詞はその後ろに配すことをしっかり覚えてください。

□1. 这个菜有点儿酸。
Zhège cài yǒudiǎnr suān.

□2. 今天她有点儿不高兴。
Jīntiān tā yǒudiǎnr bù gāoxìng.

□3. 这个有点儿贵。
Zhège yǒudiǎnr guì.

□4. 这件有点儿大。
Zhè jiàn yǒudiǎnr dà.

□5. 后天来有点儿晚。
Hòutiān lái yǒudiǎnr wǎn.

 単語

菜 cài　料理

有点儿 yǒudiǎnr　ちょっと

酸 suān　酸っぱい

贵 guì　（値段が）高い

件 jiàn　〜着（服を数える量詞）

大 dà　大きい

后天 hòutiān　明後日

晚 wǎn　（時間が）遅い

？ クイズでひと息　中国の国会の名称は？

「ちょっと〜」
"有点儿"+形容詞

1. この料理はちょっと酸っぱいです。

2. 今日彼女はやや機嫌が悪いです。

3. これはちょっと高いです。

4. この服はやや大きいです。

5. 明後日来るのはやや遅すぎます。

✏️ **理解のヒント**

「やや不満気味」というのが重要ですから、"好""好吃""漂亮 piàoliang（きれいである）""干净 gānjìng（清潔である）"のようにどう解釈しても悪いニュアンスにならない形容詞には冠しません。また、形容詞と一緒に用いて感想や感情を表すのであり、動作・行為の分量として「ちょっと」と言う場合は"一点儿 yìdiǎnr"を動詞の後に用います。"一点儿"を形容詞と一緒に用いるときには形容詞の後に置きます。その際、不満ニュアンスは帯びず、単に「ちょっと〜」という状況を叙述するのみです。例：「今回のテストは少し難しかった」→"这次考试有点儿难"は「もしかしたらできなかったかも」というニュアンス、"这次考试难一点儿"なら出来については特に言及していません。

 クイズの答え 全国人民代表大会 Quánguó Rénmín Dàibiǎo Dàhuì

43

意見の表明①

「～と思います（ません）」の一つ目のパターンです。日本人としてはついつい言いたくなる表現なので知っておくべきですね。「内容」の部分は何でも構いません。否定は"不觉得"としてもいいし、"觉得"の後の内容部分で否定形を使っても構いません。人によって線引きはさまざまですが、「感じる」に近い「思う」です。

□1. 我觉得有点儿难受。

Wǒ juéde yǒudiǎnr nánshòu.

□2. 我觉得他不可靠。

Wǒ juéde tā bù kěkào.

□3. 我觉得不怎么样。

Wǒ juéde bù zěnmeyàng.

□4. 我不觉得辣。

Wǒ bù juéde là.

□5. 我不觉得便宜。

Wǒ bù juéde piányi.

📖 単語

觉得 juéde　～と思う

难受 nánshòu　つらい、気持ち悪い

可靠 kěkào　頼りになる

不怎么样 bù zěnmeyàng　大したことはない

便宜 piányi　（値段が）安い

❓ クイズでひと息　日清戦争を中国語で言うと？

「(感覚的に)〜と思います」
"觉得"〜

1. 少し気持ちが悪いです。

2. 彼は頼りにならないと思います。

3. 私は大したことはないと思います。

4. 私は辛いとは思いません。

5. 私は安いとは思いません。

✏️ 理解のヒント

日本語の「〜と思う」は中国語ではいくつかのバリエーションに分かれます。中国語は日本語よりも具体的な表現をする傾向にあるからでしょう。"觉得" は理屈ではなく五官（目・耳・鼻・舌・肌）で感じて思ったときに用います。直感的なものが多いので、理由や根拠を特に重視する感じではありません。例えば、体の調子の悪さを感じたりして発する例文1「少し気持ちが悪い」や、初めて会った第一印象で発する例文2「彼は頼りにならないと思う」などです。否定の "不觉得" も同等によく使われます。似た動詞として "感觉 gǎnjué" がありますが、こちらは否定文としてはほぼ使いません。例文3 "不怎么样" は「どうとも言えない」「評価する価値がない」の意味。

 クイズの答え　甲午战争 Jiǎwǔ Zhànzhēng

#44
意見の表明②

「〜と思います」の二つ目のパターンです。目的語の部分は述語を中心とするフレーズになります。なお"想"にはそもそも「考える」「思いを寄せる」という動詞のケースもありますし、パターン17〜20にあるような「〜したい」という助動詞的な使い方もありますので混乱しないよう気を付けましょう。

□1. 我想他该回来了。

Wǒ xiǎng tā gāi huílai le.

□2. 我想环境可能不错。

Wǒ xiǎng huánjìng kěnéng búcuò.

□3. 我想这样更简单。

Wǒ xiǎng zhèyàng gèng jiǎndān.

□4. 我想没有别的办法。

Wǒ xiǎng méiyǒu biéde bànfǎ.

□5. 我想坐电车会快点儿。

Wǒ xiǎng zuò diànchē huì kuàidiǎnr.

📖 単語

想 xiǎng 〜と思う

该 gāi 〜すべき

回来 huílai 帰ってくる

环境 huánjìng 環境

可能 kěnéng たぶん、おそらく

不错 búcuò 悪くない

这样 zhèyàng このようにする

更 gèng もっと、さらに

别的 biéde 別の、ほかの

坐 zuò 乗る

电车 diànchē 電車

〜点儿 (=一点儿) 〜diǎnr やや、少し

❓ **クイズでひと息** 四川では「抄手」と呼ばれる料理は?

「(なんとなく)～と思います」
"想"～

1. 彼はそろそろ帰ってくると思います。

2. 環境はたぶんいいと思います。

3. こうすればより簡単だと思います。

4. ほかに方法はないと思います。

5. 電車がはやいと思います。

✎ 理解のヒント

"想"は頭で考えて思ったときに用います。ただ、考えるといっても真剣でなくとも厳密でなくとも構いません。空想や妄想とまでは言いませんが、「なんとなく」レベルでもOK。柔らかい響きであることがいい面でもあるし、場合によっては少々無責任な物言いにも聞こえます。例えばビジネスで具体的な詰めの話などではあまり適しているとは言えません。一方、和やかなコミュニケーションにおいてはまったく問題ありません。"覚得"同様、明確な線引きもできず、人によってかなり許容範囲に差が出ますが、うまく使いこなせば表情豊かな中国語になります。内容や目的によって使い分けましょう。なお「思わない」という意味で否定形"不想"を用いることはほぼありません。

Ⓐ クイズの答え　馄饨 húntun (ワンタン)

45

意見の表明③

「〜と思います」の三つ目のパターンです。市販の教材ではほぼ取り上げられていないにもかかわらず、大人の会話では日常的によく使われています。根拠があっての「思う」や、きちんとした意見発表の場には最適の動詞です。パターン43〜45が駆使できると言いたいことがかなり言いやすくなります。

□1. 我认为您说得有道理。
　　Wǒ rènwéi nín shuōde yǒu dàoli.

□2. 我认为不怎么好。
　　Wǒ rènwéi bù zěnme hǎo.

□3. 我认为有很多问题。
　　Wǒ rènwéi yǒu hěn duō wèntí.

□4. 我认为他比较合适。
　　Wǒ rènwéi tā bǐjiào héshì.

□5. 我认为很不好办。
　　Wǒ rènwéi hěn bù hǎo bàn.

📖 単語

认为 rènwéi　〜と思う

得 de　（動詞の後ろに置き、動作の様子を続けるための助詞）

道理 dàoli　道理、正しい理屈

比较 bǐjiào　比較的、わりと

好办 hǎo bàn　やりやすい

❓ **クイズでひと息**　隋から清まで行われてきた官吏登用試験の名は？

「（それなりの根拠で）～と思います」
"认为"～

1. あなたの言うことは理にかなっていると思います。

2. 大してよくないと思います。

3. たくさんの問題があると思います。

4. 彼がまあまあ適していると思います。

5. とてもやりにくいと思います。

✏️ 理解のヒント

"认为" は本人なりに理由や根拠がしっかりあるうえで考えて思ったときに用います。その理由や根拠が客観的に間違っていることもあるかもしれませんが、本人なりに確信して言うので、説得力や発言に対する責任を感じることができます。逆にフォーマル色が濃いので、ビジネスでは最適ですがカジュアルではありません。TPOを間違えると偉そうにも聞こえます。しかし外国人として一生懸命中国語を使っていることを中国人は理解してくれますから、そういったことはあまり気にせず、まずは果敢に口に出して使ってみましょう。学習教材ではほとんど登場しませんが、中国が実施する検定試験のHSK3級以上にも当たり前のように用いられています。

Ⓐ クイズの答え　科挙 kējǔ（科挙）

#46

思い込んでいたと気付いたとき

パターン43〜45とはやや異なり、以前の認識を表現しながら、現在は異なる認識に改めていることを同時に表現するパターンです。「そうだったのか！」といった状況で効果的に用いましょう。辞書には単に「思う」とありますが、実用性重視ということでこの用法をまず覚えましょう。

□ 1. 我以为他是日本人。
Wǒ yǐwéi tā shì Rìběnrén.

□ 2. 我以为是今天。
Wǒ yǐwéi shì jīntiān.

□ 3. 我以为她也来。
Wǒ yǐwéi tā yě lái.

□ 4. 我以为坐飞机快。
Wǒ yǐwéi zuò fēijī kuài.

□ 5. 我以为汉语好学。
Wǒ yǐwéi Hànyǔ hǎo xué.

 単語

以为 yǐwéi　〜と思っていた

日本人 Rìběnrén　日本人

也 yě　〜も

飞机 fēijī　飛行機

好学 hǎo xué　勉強しやすい

? **クイズでひと息**　中国で「湘南」と言ったら何省の南部？

「〜と思っていました」
"以为"〜

1. 彼は日本人だと思っていました。

2. 今日だと思っていました。

3. 彼女も来ると思っていました。

4. 飛行機がはやいと思っていました。

5. 中国語は勉強しやすいと思っていました。

✏️ 理解のヒント

そもそもは"认为 rènwéi"とほぼ同じく「〜と思う」の意味であり、違いといえばやや語気がソフトであるくらいなのですが、実際の使われ方としては「〜と思っていた」、つまり「誤解」「思い込み」「勘違い」だったことを表現するのに用いるケースが圧倒的です。「間違いを認める」といった重いものではないので、謝罪が必要な場合は別途きちんと付け加えるのが正しいやり方です。ついでによく使う四字成語も覚えてみてはいかがでしょうか。"自以为是 zìyǐwéishì（自分が正しいと意固地になっている／独りよがり）""不以为然 bùyǐwéirán（そうは思わない／納得できない）""不以为耻 bùyǐwéichǐ（恥とは思わない）""不以为意 bùyǐwéiyì（意に介さない／まったく気にしない）"。

 クイズの答え　湖南省 Húnánshěng

#47

最良の選択

最良と思う方法を提案するときに用いる表現です。意外に簡単だと思いませんか。決して押しつけたり強制したりする語気でないことも使いやすいポイントです。"最好"を冒頭に言うのが一般的ですが、最後に言ってもかまいません。「一番よいのは〜」でも「〜が一番よい」でもどちらでも可、というわけです。

☐ 1. 最好你一个人去。
Zuìhǎo nǐ yí ge rén qù.

☐ 2. 最好明天交给我。
Zuìhǎo míngtiān jiāogěi wǒ.

☐ 3. 最好问他。
Zuìhǎo wèn tā.

☐ 4. 最好先订合同。
Zuìhǎo xiān dìng hétong.

☐ 5. 坐出租车最好。
Zuò chūzūchē zuìhǎo.

📖 単語

最好 zuìhǎo　一番よい

一个人 yí ge rén　一人、一人で

问 wèn　聞く、尋ねる

订 dìng　（契約を）結ぶ

合同 hétong　契約

出租车 chūzūchē　タクシー

❓ クイズでひと息　無色透明でアルコール度数の高い中国酒の総称は？

「～するのが一番よい」
"最好"～

1. 君が一人で行くのが一番いいです。

2. 明日提出してくれるのが一番いいです。

3. 彼に聞くのが一番いいです。

4. 先に契約するのが一番いいです。

5. タクシーが一番いいです。

理解のヒント

冒頭に言うか最後に言うかは特に決まっていません。冒頭で言えば「一番よいのは～」となるし、最後に言えば「～が一番よい」となるだけのことです。ただできれば冒頭に言うクセをつけることをお勧めします。冒頭に言うことで「これからアドバイスをする」という気持ちが自覚できますし、日本語にはあまりない「冒頭の決まったパターーンによる口火切り」の訓練になります。例えば"因为 yīnwei（なぜならば：理由）""要不然 yàoburán（さもなくば：別の提案）""索性 suǒxìng（いっそ：思い切った選択）"なども同じです。ちなみに「～する方がよい」「～する方がまし」の簡単な言い方に"为好 wéihǎo""好 hǎo"を文末に添える方法もあります。ただしこちらは冒頭に言うことはできません。

 クイズの答え　白酒 báijiǔ

#48
解決方法のアドバイス

これも良い方法を提案する表現の一つです。文法的には仮定文「〜すれば…」に近いものですが、前半が条件節といえるほど長くも重くもないので"就"までは必要なく、ただ"好了"と最後に添えれば「良くなる」というふうにまとまります。ただし例文4の"这样"には事情を代弁する意味があるので"就好了"として覚えましょう。

□1. 吃药好了。
   Chī yào hǎo le.

□2. 告诉他好了。
   Gàosu tā hǎo le.

□3. 给我发短信好了。
   Gěi wǒ fā duǎnxìn hǎo le.

□4. 这样就好了。
   Zhèyàng jiù hǎo le.

□5. 给他打电话好了。
   Gěi tā dǎ diànhuà hǎo le.

📕 単語

吃药 chī yào　薬を飲む
告诉 gàosu　言う、告げる
短信 duǎnxìn　ショートメール
就 jiù　〜ならば

❓ クイズでひと息　中国軍の名称は？

124

「～すればよい」
～"(就)好了"。

1. 薬を飲めばいいんです。

2. 彼に言えばいいんです。

3. メールをくれればいいです。

4. こうすればいいんです。

5. 彼に電話すればいいんです。

✏️ 理解のヒント

"就"のいくつかの働きのうち、最も重要なのが仮定文における「橋渡し」で、「～すれば」「～したら」となります。後半は"好了"に限られるものではなく、"就"を用いてさまざまな結果を続けて表現することができますが、よく使われるパターンとして"(就)好了"と覚えてしまうのも得策です。ほかに"就行了 jiù xíng le""就可以了 jiù kěyǐ le"などもあります。なお"了"は必須というわけではなく"(就)好"でもOK。しかし"了"があることですっきり言い切った感じが鮮明になります。文末の"了"はパターン10、11に挙げたように「～になる／なった」であり、それはここでも同じこと。ルールというのは全体を貫くものです。"就"の採否はさまざまな意見がありますが、"好了"のときは無しが多いようです。

 クイズの答え　中国人民解放军 Zhōngguó Rénmín Jiěfàngjūn

#49

具体的な感謝

もちろん"谢谢"の二文字だけでも感謝の気持ちが軽いということではありません。"感谢""多谢 duōxiè"を使ったり、"很""非常 fēicháng"などの副詞を付けたりいろいろアレンジできますが、ここでは具体的に何に対する感謝なのかを言う例を挙げました。偶数リズムで言うことも美しい響きの決め手です。

□1. 谢谢您的关心。
　　Xièxie nín de guānxīn.

□2. 谢谢您的帮助。
　　Xièxie nín de bāngzhù.

□3. 谢谢您的支持。
　　Xièxie nín de zhīchí.

□4. 谢谢您的理解。
　　Xièxie nín de lǐjiě.

□5. 谢谢您的照顾。
　　Xièxie nín de zhàogù.

📖 単語

关心 guānxīn　関心、心配

帮助 bāngzhù　手助け、援助

支持 zhīchí　支持、支援

理解 lǐjiě　理解

照顾 zhàogù　面倒を見る

❓ **クイズでひと息**　シルクロードを中国語で言うと？

「〜してくれてありがとう」

"谢谢您的"〜

1. ご心配いただき感謝します。

2. お手伝いいただき感謝します。

3. 味方になってくれてありがとうございます。

4. 理解してくれてありがとうございます。

5. 面倒見てくれてありがとうございます。

✏️ 理解のヒント

"谢谢"を一歩進めて、具体的に何に対する感謝なのかを表すのにあと数文字加える方法も覚えましょう。もっとも具体的といっても細かいわけではありません。"谢谢您的〜"の"〜"には名詞を用い、ほかにも次のようなものが考えられます。"礼物 lǐwù(プレゼント)""好意 hǎoyì(お気持ち)""厚爱 hòu'ài(思いやり)""教导 jiàodǎo(ご指導)""配合 pèihé(協力)""合作 hézuò(協力)""声援 shēngyuán""支援 zhīyuán"など。"您的"を"您对我的 nín duì wǒ de"にすればより「自分に対する点」が鮮明になります。言い方としてはとてもフォーマルなので、プライベートというよりは言葉遣いに注意を要する場合の方がしっくりきます。当然のことですが、表情や発声にもしっかり心を込めましょう。

🅰️ クイズの答え　　丝绸之路 sīchóu zhī lù

#50
尻込み気分

「そんなことできません」「怖くて私にはできません」「そんなリスクは冒せません」と及び腰になることって結構ありますよね。そんなとき"不会""不能"ではちょっとニュアンスが違います。「そういう気持ちになれない」「〜しようとは思えない」ということを中心に言いたいときに意外と役立ちます。

□ 1. 我不敢说。
　　　Wǒ bù gǎn shuō.

□ 2. 我不敢吃。
　　　Wǒ bù gǎn chī.

□ 3. 我不敢摸。
　　　Wǒ bù gǎn mō.

□ 4. 我不敢想像。
　　　Wǒ bù gǎn xiǎngxiàng.

□ 5. 我不敢问。
　　　Wǒ bù gǎn wèn.

 単語

不敢 bù gǎn　〜する気になれない
摸 mō　触る、なでる
想像 xiǎngxiàng　想像する

❓ クイズでひと息　旧暦5月5日にちまきを食べる習慣の節句は？

「(勇気がなくて、怖くて)〜できない」
"不敢"+動詞〜

1. 私には言えません。

2. 食べるのは遠慮しておきます。

3. 触るのが怖いです。

4. 想像する気になりません。

5. 私は聞けません。

✏️ 理解のヒント

"敢" は「勇敢」「思い切って」「あえて」の意味、"不敢"＋動詞は「〜する勇気がない」つまり「(怖くて) 〜できない」というわけです。ということで、肯定形 "敢"＋動詞ならば「(平気で) 〜できる」ということにもなります。やや開き直った感じの肯定形は、口論などでは売り言葉に買い言葉で "我敢 wǒ gǎn" なんて言うこともありますが、否定形ほど実用的とはいえません。"我敢" が必要な場面には口論などでヒートアップしているケースも多々あります。話題はお互いよく分かっているという前提で、「あなたはできるというのか？」＝ "你敢不敢？ Nǐ gǎn bu gǎn?" "你敢吗？ Nǐ gǎn ma?" ―「無理、無理」＝ "我不敢 wǒ bù gǎn" という具合に動詞以下を省略してこれだけで言うこともよくあります。

 クイズの答え　端午节 Duānwǔjié（端午の節句）

#51
お試し気分

「ちょっとやってみる」のパターンで、人に促すときにも自分が「やってみよう」というときにも使えます。簡単な言い方に次のパターン52 動詞+"一下 yíxià"がありますが、"试试"の方がより「試しに」という「保険」がかかっています。なお最も簡単な言い方は"试试"、これだけでも伝わります。

□1. 试试看。
　　Shìshi kàn.

□2. 买一个试试。
　　Mǎi yí ge shìshi.

□3. 穿上试试。
　　Chuānshang shìshi.

□4. 放糖试试。
　　Fàng táng shìshi.

□5. 不妨试试。
　　Bùfáng shìshi.

 単語

试试 shìshi　試しに〜してみる

看 kàn　（動詞の重ね型の後ろに付けて）
〜してみる

穿上 chuānshang　着る

放糖 fàng táng　砂糖を入れる

不妨 bùfáng　（〜するのは）差し支えない

 クイズでひと息　来日後に日本で亡くなった中華人民共和国国歌の作曲者は？

「試しに〜してみる」
"试试"＋動詞／動詞〜＋"试试"

1. トライしてみましょう。

2. 一つ買ってみましょう。

3. 試着してみましょう。

4. 砂糖を入れてみます。

5. 試してみてはどうですか。

✏️ 理解のヒント

シンプルな言い方は"试试""试试看"、あとは試す行為の動詞の後に"试试"を続ければより具体的になります。"试试看"のように先に言う場合は動詞のみで使うのが普通です。"看"は「見る」以外のトライにも使えます。なお「試しに食べてみて」は固有の表現"尝尝 chángchang"があるのでこれを使います。「飲んでみて」も"尝尝"を使います。"尝"自体が「味見をする」という意味を持っているからです。"不妨"には勧めるニュアンスが含まれています。「〜するのを妨げない」「〜して差し支えない」という意味です。"试试"のように本来動詞を重ねる形だけでも「〜してみる」という意味は表現できますが、"试试"をあわせて使うとより「トライ」感が出るので推奨します。

Ⓐ クイズの答え　聂耳 Niè Ěr (聶耳)

#52

軽めの促し・指示

"一下"には、動詞もしくは動詞句だけで言う命令調のキツさを和らげる効果があります。このほか"一下"を使わず動詞を2回繰り返す「重ね型」という方法や、動詞の次に"一 yī"を配してもう一度同じ動詞を繰り返す形でも同じ効果が出せます。例：看一下 = 看看 kànkan = 看一看 kàn yi kàn　いずれも口調をマイルドにします。

□1. 请等一下。
　　Qǐng děng yíxià.

□2. 先看一下。
　　Xiān kàn yíxià.

□3. 谈一下您的看法。
　　Tán yíxià nín de kànfa.

□4. 我留意一下。
　　Wǒ liúyì yíxià.

□5. 请问一下。
　　Qǐngwèn yíxià.

📖 単語

等 děng　待つ
一下 yíxià　ちょっと
谈 tán　語る、話す
看法 kànfa　見方、見解
留意 liúyì　気に留める
请问 qǐngwèn　お尋ねします

❓ クイズでひと息　ジャスミンティーを中国語で言うと？

「(ちょっと)〜してください」
動詞+"一下"〜

1. ちょっと待ってください。

2. とりあえず見てみましょう。

3. あなたの見方を話してください。

4. 気に留めておきましょう。

5. ちょっとお尋ねします。

🖊 理解のヒント

"一下"は動詞とともに用いて動作・行為の少量「ちょっと」を表します。「ちょっと」とは言いますが、実際には「控えめな態度」を表現しているのであり、動作・行為の量的な「ちょっと」とは限りません。しっかり銀行に行って用を足してくるのに、「ちょっと銀行へ行ってくる」というケースです。その方が発話者も言うときの心理的負担が軽いのでしょうね。目的語をあわせて並べる場合は通常"一下"の後に配しますが、目的語が特定可能な人物である場合は"一下"の前に配します。例："先看一下资料 xiān kàn yíxià zīliào（まず資料を見てください）""等我一下 děng wǒ yíxià（ちょっと待ってください）"。中国語においてこの「特定可能」という線引きは結構重要ですので覚えておきましょう。

Ⓐ **クイズの答え** 茉莉花茶 mòlihuāchá

#53

思い直した結果改めて言う

まずは文頭で用いて、そのあとは自由に続ければ出来上がりです。「やっぱりここのアイスはおいしいね」「やっぱり明日行こうよ」「やっぱり行きたくない」など何でもOK。主語を先に言うか後にするかは自由裁量ですから、とりあえず文頭に言うクセを付けてしまえば使いやすいでしょう。

□1. 还是我去。
Háishi wǒ qù.

□2. 还是这个合算。
Háishi zhège hésuàn.

□3. 还是粤菜好吃。
Háishi yuècài hǎochī.

□4. 还是不想说。
Háishi bù xiǎng shuō.

□5. 还是不满意。
Háishi bù mǎnyì.

📖 単語

还是 háishi　やっぱり

合算 hésuàn　割に合う、リーズナブル

粤菜 yuècài　広東料理

满意 mǎnyì　満足である

❓ クイズでひと息　映画『追捕』（中国名）で大人気となった日本の俳優は？

「やっぱり～」
"还是"～

---

1. やっぱり私が行きます。

---

2. やっぱりこれがリーズナブルです。

---

3. やっぱり広東料理はおいしい。

---

4. やっぱり言いたくありません。

---

5. やっぱり不満です。

✏️ **理解のヒント**

"还是" は疑問文では「それとも」という選択を表します。もし文の中央に位置していて、かつ文末に疑問符が付いていたら、そういう意味ですのでこれとは異なります。文頭や主語の直後などに用いて疑問文でなかったら「やっぱり」という意味になります。"还是" の "是" を述語動詞を兼ねたものとして "还是你呀 háishi nǐ ya（やっぱりあなたでしたか）" "还是这儿啊 háishi zhèr a（やっぱりここですか）" などのように使うこともできます。ただしあくまでも副詞であり単独では文になりませんので、日本語のように「やっぱり！」だけで使うことはできません。「やっぱりどうなのか」を必ず従えてください。類義語として "仍是 réngshì（相変わらず）" も覚えておくと便利です。

🅐 **クイズの答え**　高仓健 Gāocāng Jiàn（高倉健）

#54

不必要

「～しなくてよい」「～する必要はない」の意味として、優しくも厳しくもどのようにも使える表現です。怒って言っていると誤解されるのが心配な場合は、次に"因为～ yīnwei～"と続けて理由をきちんと説明するのも一つの方法です。逆に「～すべきである」はパターン23の"得""应该"、「～してよい」なら"可以"を使います。

☐1. 不用谢。
Búyòng xiè.

☐2. 您不用付钱。
Nín búyòng fù qián.

☐3. 不用送。
Búyòng sòng.

☐4. 不用客气。
Búyòng kèqi.

☐5. 不用着急。
Búyòng zháojí.

📕 単語

不用 búyòng　～する必要がない

谢 xiè　感謝する、礼を言う

付 fù　（お金を）支払う

送 sòng　見送る

着急 zháojí　慌てる、焦る

❓ **クイズでひと息**　テレサ・テンの中国語名は？

「〜しなくてよい」
"不用"〜

1. 礼にはおよびません。

2. あなたは払わなくていいです。

3. 見送りは結構です。

4. 遠慮は無用です。

5. 慌てる必要はありません。

🖊 理解のヒント

"不要 búyào" と混同する学習者がいるようです。例えば "不用客气" と "不要客气 búyào kèqi" では「遠慮しなくてよい」と「遠慮するな」なので似ているともいえますが、"不用来 búyòng lái" と "不要来 búyào lái" だと「来なくてよい」と「来るな」になり、明らかに違います。"不用" は「〜しなくてよい」なのに対して "不要" は「〜しないでください」なので、語気的には "不要" の方が強くなります。ただし "不用" は冷静に聞こえる反面、言い方次第では冷たく突き放すようになってしまうことも。一方 "不要" を相手への気遣いで使うこともありますから、一概にキツイ表現とばかりもいえません。しゃべりは正しく言葉を選ぶだけでなく、表情、笑顔、ハートが大事です。

Ⓐ クイズの答え　邓丽君 Dèng Lìjūn

#55

目的のために向かう

複数の動作を起こった順番に並べて作る「連動文」の一種です。中でも特によく使うのが「～しに行く」という形です。この場合はまず「行く」、そして「～する」という順番ですので、"去"が先になるわけです。行き先も言うのならそれを"去"の後に置き、それから次の動詞を並べるだけです。「～しに来る」なら"去"を"来"にすればOK。

□1. 我去看她。
　　　Wǒ qù kàn tā.

□2. 我去买东西。
　　　Wǒ qù mǎi dōngxi.

□3. 我们一起去参观。
　　　Wǒmen yìqǐ qù cānguān.

□4. 咱们去喝酒吧。
　　　Zánmen qù hē jiǔ ba.

□5. 明天我去天津出差。
　　　Míngtiān wǒ qù Tiānjīn chūchāi.

 単語

东西 dōngxi　物、品物

参观 cānguān　見学する

酒 jiǔ　お酒

天津 Tiānjīn　天津

出差 chūchāi　出張する

? クイズでひと息　孫悟空が出てくる物語名は？

「〜しに行く」
"去"+動詞〜

1. 彼女に会いに行きます。

2. 買い物に行きます。

3. 一緒に見に行きましょう。

4. お酒を飲みに行きましょう。

5. 明日天津へ出張します。

✏️ 理解のヒント

「〜しに行く」とは「行ってから、行った先でする」こと。だからその順番に従って言葉が並んでいます。中国語の語順の基本は時間の推移に従っています。混乱しそうなときには、「最初に何をして、次に何をしたか」というふうに整理してください。ただし「連動文」は動作・行為が切れ目なく連続して起こる場合のものなので、次々に発生しているわけではない動作・行為の場合は「連動文」としては扱えません。例えば「夕食を食べてから入浴する」と言う場合は "吃完晚饭后洗澡 chīwán wǎnfàn hòu xǐzǎo" となります。「デパートへ買い物に行く」のように行き先、つまり "去" の目的語もある場合は、それを言ってから次の動詞につなげます。複数の動詞が必ずいつもくっついてまとまっているわけではありません。

 クイズの答え　西游记 Xīyóujì (西遊記)

#56
丁寧な打診

可能を表す助動詞の反復疑問形（〇不〇）で、そもそもは「〜できますか」と聞いているのですが、丁寧に響きます。もともと「敬語」というほどではありませんが、「相手の許諾を得てから」という言い方が丁寧さにつながります。もちろんソフトな口調でお願いします。"请〜"よりも丁寧です。"请〜"は丁寧とはいえ命令文ですから。

□ 1. 能不能再说一遍？
　　　Néng bu néng zài shuō yí biàn?

□ 2. 能不能慢点儿说？
　　　Néng bu néng màndiǎnr shuō?

□ 3. 能不能告诉我？
　　　Néng bu néng gàosu wǒ?

□ 4. 能不能写一下？
　　　Néng bu néng xiě yíxià?

□ 5. 能不能便宜点儿？
　　　Néng bu néng piányidiǎnr?

📖 単語

再 zài　再び

一遍 yí biàn　一度

慢 màn　（速度が）遅い

❓ クイズでひと息　　ユニクロを中国語で言うと？

「〜していただけませんか」

"能不能" +動詞〜?

1. もう一度言っていただけませんか。

2. ゆっくり話していただけませんか。

3. 私に教えていただけませんか。

4. 書いていただけませんか。

5. 少し安くしていただけませんか。

🖉 理解のヒント

敬語というわけではありませんが、丁寧に「〜してください」と言っても命令や指図には変わりありません。疑問文にすることで一応相手の気持ちをうかがうことになるので丁寧さが加わります。たいていは相手もこう聞かれて「ダメ」とは言わない（言えない？）でしょう。もちろん値段交渉だけは別でしょうけれど（笑）。ただ気を付けなければいけないのは、反復疑問形でなく "能〜吗?" を使うのは違うということ。"吗" を使うと疑問のニュアンス、つまり答えを迫る雰囲気が強くなってしまうからです。話しっぷりで調整はできるといっても、外国人にはハードルが高すぎ。それより "能不能" を習慣付けてしまう方が簡単です。

🅰 クイズの答え　优衣库 Yōuyīkù

#57

積極的な気持ち

ただ「〜する」ではなく「積極的に」「自発的に」するという気分を表します。実は同じような意味合いで"去"を用いることもあります。"去"の方は「その目的に進んで向かう」という意味なのに対して、"来"の方は「その任務や責任を引き受ける」という意味になります。使用頻度は"来"が圧倒的。

□1. 我来承担责任。
Wǒ lái chéngdān zérèn.

□2. 我来介绍一下。
Wǒ lái jièshào yíxià.

□3. 我来问他。
Wǒ lái wèn tā.

□4. 我来跟他联系。
Wǒ lái gēn tā liánxì.

□5. 您来点菜。
Nín lái diǎn cài.

📖 単語

来 lái　（進んで行う気分を表現する）

承担 chéngdān　担う、引き受ける

责任 zérèn　責任

介绍 jièshào　紹介する

联系 liánxì　連絡する

点 diǎn　注文する

❓ クイズでひと息　中国人が好きな「末長い」「久しい」という意味に通じる数字は？

「(自ら進んで)〜します」
"来"+動詞〜

1. 私が責任を負いましょう。

2. 私が紹介しましょう。

3. 私が彼に聞きます。

4. 私が彼と連絡を取ります。

5. あなたが料理を注文してください。

✏️ 理解のヒント

"来"なんて辞書を引いたことがない人がほとんどだと思います。こういうのが意外に落とし穴。"来"にはほかの動詞の前に置いて「その動作・行為を積極的に行う姿勢を表す」働きもあり、そのことはしっかりと辞書にも載っています。ぜひ辞書の例文も確認しておいてください。すでに何をするべきかが周知の場合は"我来吧(私がやりますよ)""你来吧(あなたがしなさい)"だけでも十分通じます。いい機会ですから、当たり前と思っている単語も辞書で確認してみてください。"牛 niú""群众 qúnzhòng""白 bái""上级 shàngjí"…、意外な発見があるものです。辞書はほかにも参考書としての価値が満載です。時間のあるときは紙の辞書をじっくりひもとくことをおススメします。

Ⓐ クイズの答え　九 jiǔ

#58
人に代わって行う

基本的に「○○の代わりに～する」と覚えたうえで、自分の代わりに何かしてもらうときのお願いなどで活用するといいでしょう。自分が誰かの代わりに何かする際にも使ってください。例文ではすべてに「何をするか」を付けていますが、会話の流れで内容が分かっている前提では"替"＋人のみで言うこともできます。

□1. 替我向他问好。
Tì wǒ xiàng tā wènhǎo.

□2. 替我向他说谢谢。
Tì wǒ xiàng tā shuō xièxie.

□3. 替我向他道歉。
Tì wǒ xiàng tā dàoqiàn.

□4. 我替你去。
Wǒ tì nǐ qù.

□5. 他替我做了。
Tā tì wǒ zuò le.

📖 単語

替 tì ～の代わりに

向 xiàng ～に

问好 wènhǎo よろしく言う

道歉 dàoqiàn （言葉を発して）わびる、謝る

❓ クイズでひと息 ミッキーマウスを中国語で言うと？

「○○の代わりに〜する」

"替"+人+動詞〜

---

1. 彼によろしく伝えてください。

---

2. 彼に感謝を伝えてください。

---

3. 彼にごめんなさいと伝えてください。

---

4. 私があなたの代わりに行きます。

---

5. 彼が私の代わりにしてくれました。

✏️ 理解のヒント

"替"のほか "代 dài" "代替 dàitì" を用いることもできます。例文1〜3にある "向 xiàng" は介詞で「〜に対して」という意味ですが、相手を自分よりも高みに置いて見上げ、自分はへりくだる気分なので、感謝・謝罪・尊敬といった場面で用います。逆に相手を対等あるいは下に扱う場合は "対 duì" にします。対等な物言いや叱責・注意・文句といった場面で用います。例文1は手紙やメールの最後にもよく使われています。よりフォーマルな雰囲気がお好みなら "问好" を "问候 wènhòu" にする方法もあります。ちなみに中国語で「身代わり／替え玉」は "替身 tìshēn"、「スケープゴート」は "替罪羊 tìzuìyáng"、いずれも動詞「〜になる」は "当 dāng" "做 zuò" を用います。

 クイズの答え　米老鼠 Mǐlǎoshǔ

#59
ダブル効果の最後の一言

実は結構レベルの高い会話でないと使えないかもしれませんが、言葉自体はとても簡単なのでまず覚えておきましょう。映画やドラマなどでは頻繁に出てくる非常に生き生きしたやり取りの中で登場する言葉ですから、注意して聞いてみてください。繰り返して言うところにも気持ちがこもる表現です。

☐ 1. **拜托拜托**。
　　　Bàituō bàituō.

☐ 2. **多谢多谢**。
　　　Duōxiè duōxiè.

☐ 3. **算了算了**。
　　　Suànle suànle.

☐ 4. **行了行了**。
　　　Xíngle xíngle.

☐ 5. **意思意思**。
　　　Yìsi yìsi.

📕 単語

拜托 bàituō　お願いする

多谢 duōxiè　ありがとう

算了 suànle　あきらめる、やめにする

行了 xíngle　もう結構、もう十分

意思 yìsi　志（お礼の気持ち）

❓ **クイズでひと息**　中華人民共和国が最初に国交を樹立したのは？

「お願いします」「もういいよ！」など

1. お願いします。

---

2. とても感謝しています。

---

3. もうこの話は終わり。

---

4. もういいですよ。

---

5. ほんの気持ちだけですが。

✏️ 理解のヒント

2回重ねることが必須とは言えませんが、重ねた方が気持ちがより伝わりやすくなるでしょう。2回重ねはこれに限らず "你好" "谢谢" "再见" "抱歉" "对不起" "没问题" "没关系" などにも応用できます。2回重ねの代わりに1回をやや長め・重め・抑揚激しめで言うという方法もありますが、まずは2回重ねをマスターしましょう。あわせて表情も大切です。例文1〜2では「低姿勢」に、例文3〜4は基本「あきれ顔」、例文5は「照れ隠し」気味、それぞれのカラーがあることを意識して、字面だけで伝えようとしないことが大切です。それより前に、まず中国人の良き友人・同僚を得ることが先ですね。それまではイメージ・トレーニングでその日に備えましょう。

Ⓐ クイズの答え　苏联 Sūlián (ソ連)

#60

鼓舞・やる気宣言

日本語ではしょっちゅう「頑張ります」と言いますし万能表現ですが、中国語には何にでも使える「頑張る」といったマルチな動詞はなく、それぞれの場面で表現も異なります。「何を」「どう」頑張るのか、宣言なのか鼓舞なのか、価値観の差異などもあるので、中国語ではいくつかのストックを持っておくことをおススメします。

□1. 我一定努力。
Wǒ yídìng nǔlì.

□2. 保证完成任务。
Bǎozhèng wánchéng rènwu.

□3. 我拼命学习。
Wǒ pīnmìng xuéxí.

□4. 我坚持下去。
Wǒ jiānchíxiaqu.

□5. 加油!
Jiāyóu!

📖 単語

一定 yídìng　必ず

保证 bǎozhèng　保証する、約束する

完成 wánchéng　完成する、成し遂げる

任务 rènwu　仕事、役目

拼命 pīnmìng　一生懸命である

坚持 jiānchí　頑張って続ける

下去 xiaqu　～し続けていく

加油 jiāyóu　頑張る、頑張れー！

 クイズでひと息　浙江省杭州の緑茶の名品は？

「頑張ります」

1. 必ず頑張ります。

2. 頑張って必ずやり遂げます。

3. 一生懸命勉強します。

4. 頑張り続けていきます。

5. 頑張れー！

✏️ 理解のヒント

中国語では具体的な使い分けが必要になります。精神的な頑張りを中心に言うなら "努力" "拼命" "坚持" でしょうが、仕事などで結果を出す必要がある場合はもっと具体的に言うべきでしょう。ならば例文1も "我一定做到 wǒ yídìng zuòdào（必ずやり遂げます）" とした方がより覚悟が伝わります。中国では「結果を出す」という色合いがより重要視されます。実は中国人は日本人ほど「頑張ります」とは言いません。それより "交给我吧 jiāogěi wǒ ba（任せてください）" や "不会辜负您的期望 bú huì gūfù nín de qīwàng（期待を裏切ることはありません）" といった言葉で表現します。しかし日本人としてはやはり「頑張る」を押さえておきたいですね。

Ⓐ クイズの答え　龙井茶 lóngjǐngchá（龍井茶、ロンジン茶）

食べ物・飲み物

肉	ròu 肉	咖喱	gālí カレー
鱼	yú 魚	奶酪	nǎilào チーズ
蔬菜	shūcài 野菜	比萨	bǐsà ピザ
水果	shuǐguǒ 果物	巧克力	qiǎokèlì チョコレート
中餐	zhōngcān 中華	饼干	bǐnggān ビスケット
西餐	xīcān 洋食	冰激凌	bīngjīlíng アイスクリーム
日料	Rìliào 和食	蛋糕	dàngāo ケーキ
甜点	tiándiǎn デザート	鸡蛋	jīdàn 卵
面包	miànbāo パン	薯条	shǔtiáo フライドポテト
面条	miàntiáo 麺	薯片	shǔpiàn ポテトチップ
米饭	mǐfàn ごはん	便当	biàndāng 弁当
套餐	tàocān 定食	葱饼	cōngbǐng ネギおやき

酸奶	suānnǎi ヨーグルト	拿铁	nátiě ラテ
粥	zhōu おかゆ	牛奶	niúnǎi ミルク
汤	tāng スープ	果汁	guǒzhī ジュース
矿泉水	kuàngquánshuǐ ミネラルウォーター	汽水	qìshuǐ 炭酸水
绿茶	lǜchá 緑茶	可乐	kělè コーラ
花茶	huāchá ジャスミン茶	白酒	báijiǔ (中国の)白酒
乌龙茶	wūlóngchá ウーロン茶	葡萄酒	pútaojiǔ ワイン
日本茶	Rìběnchá 日本茶	日本酒	Rìběnjiǔ 日本酒
红茶	hóngchá 紅茶	威士忌	wēishìjì ウイスキー
奶茶	nǎichá ミルクティー	烧酒	shāojiǔ 焼酎
咖啡	kāfēi コーヒー	啤酒	píjiǔ ビール
可可	kěkě ココア	绍兴酒	shàoxīngjiǔ 紹興酒

場所・地名

门口	ménkǒu 入口		商店	shāngdiàn ショップ
正门	zhèngmén 正門		百货店	bǎihuòdiàn デパート
大厅	dàtīng ホール		医院	yīyuàn 病院
厕所	cèsuǒ トイレ		邮局	yóujú 郵便局
洗手间	xǐshǒujiān トイレ		银行	yínháng 銀行
卫生间	wèishēngjiān トイレ		书店	shūdiàn 書店
餐厅	cāntīng レストラン		火车站	huǒchēzhàn 駅
房间	fángjiān 部屋		机场	jīchǎng 空港
办公室	bàngōngshì オフィス		港口	gǎngkǒu 港
电梯	diàntī エレベーター		公园	gōngyuán 公園
会议室	huìyìshì 会議室		问讯处	wènxùnchù 案内所
酒吧	jiǔbā バー		服务台	fúwùtái サービスカウンター

北京	Běijīng 北京	东京	Dōngjīng 東京
上海	Shànghǎi 上海	大阪	Dàbǎn 大阪
广州	Guǎngzhōu 広州	名古屋	Mínggǔwū 名古屋
重庆	Chóngqìng 重慶	福冈	Fúgāng 福岡
天津	Tiānjīn 天津	札幌	Zháhuǎng 札幌
哈尔滨	Hā'ěrbīn ハルビン	仙台	Xiāntái 仙台
大连	Dàlián 大連	横滨	Héngbīn 横浜
杭州	Hángzhōu 杭州	神户	Shénhù 神戸
昆明	Kūnmíng 昆明	京都	Jīngdū 京都
武汉	Wǔhàn 武漢	广岛	Guǎngdǎo 広島
台北	Táiběi 台北	长崎	Chángqí 長崎
高雄	Gāoxióng 高雄	冲绳	Chōngshéng 沖縄

参考単語③ 　**気持ちの表現**

高兴	gāoxìng うれしい		吃惊	chījīng びっくり
愉快	yúkuài 楽しい		轻松	qīngsōng 楽だ
快乐	kuàilè 楽しい		伤心	shāngxīn つらい
开心	kāixīn 楽しい		恶心	ěxin むかつく
痛快	tòngkuai 爽快だ		无奈	wúnài しかたない
愧疚	kuìjiù 恥じ入る		尴尬	gāngà きまりが悪い
悲惨	bēicǎn 痛ましい		失望	shīwàng 失望した
遗憾	yíhàn 残念だ		期待	qīdài 期待する
惭愧	cánkuì 恥ずかしい		生气	shēngqì 怒る
奇怪	qíguài 奇妙だ		难受	nánshòu つらい
别扭	bièniu 変だ		苦恼	kǔnǎo 苦しい
意外	yìwài 意外だ		快活	kuàihuo 楽しい

为难	wéinán 困っている	不介意	bú jièyì 気にしない
羡慕	xiànmù うらやましい	难为情	nánwéiqíng 気まずい
愤慨	fènkǎi 腹が立つ	有好感	yǒu hǎogǎn 好印象だ
难过	nánguò 悲しい	不对劲	bú duìjìn 合わない
着急	zháojí 焦っている	有信心	yǒu xìnxīn 自信がある
寂寞	jìmò 寂しい	不在乎	búzàihu 気にしない
受打击	shòu dǎjī ショックだ	有分寸	yǒu fēncun わきまえている
受委屈	shòu wěiqu くやしい	不可思议	bùkě-sīyì 不思議だ
受欢迎	shòu huānyíng 人気がある	莫名其妙	mòmíngqímiào わけが分からない
无所谓	wúsuǒwèi どうでもいい	灰心丧气	huīxīn-sàngqì がっかりする
受不了	shòubuliǎo 我慢できない	过意不去	guò yì bú qù まことに恐縮だ
忘不了	wàngbuliǎo 忘れられない	无可奈何	wúkěnàihé どうしようもない

西井和弥（にしい・かずや）

中国語講師、翻訳者。外交学院（北京）講師、名古屋商科大学助教授、霞山会東亜学院（東京）教頭、日本中国語検定協会評議員などを経て、現在は愛知県を拠点に中国語講師・翻訳・通訳・執筆等活動中。主な著書に『改訂新版 瞬訳中国語 初級編』『同 初中級編』『同 中級編』（以上アスク出版）、『中検3級筆記問題徹底対策1000問』『同 中検4級』（以上光生館）などがある。

本当に使える中国語パターン60【入門編】

発行日	2023年3月20日（初版）
著者	西井和弥
編集	株式会社アルク出版編集部
編集協力	野田泰弘（有限会社ルーベック）
デザイン	星 陽介
イラスト	AKIKO
音声吹き込み	李 洵、菊地信子
録音・編集	株式会社メディアスタイリスト
DTP	株式会社創樹
印刷・製本	シナノ印刷株式会社
発行人	天野智之
発行所	株式会社アルク
	〒102-0073 東京都千代田区九段北4-2-6　市ヶ谷ビル
	Website：https://www.alc.co.jp/

地球人ネットワークを創る

アルクのシンボル
「地球人マーク」です。